21世纪传媒精品教材
中央国有资本金资助项目

演艺娱乐经营管理

李　罡　武小宇　高小雨◎主编

中国国际广播出版社

图书在版编目（CIP）数据

演艺娱乐经营管理 / 李罡等主编. --北京：中国国际广播出版社，2025.6. --ISBN 978-7-5078-5734-4

Ⅰ. G241.3

中国国家版本馆CIP数据核字第2025QM9118号

演艺娱乐经营管理

主　　编	李　罡　武小宇　高小雨
责任编辑	王立华
校　　对	张　娜
版式设计	陈学兰
封面设计	赵冰波

出版发行	中国国际广播出版社有限公司［010-89508207（传真）］
社　　址	北京市丰台区榴乡路88号石榴中心1号楼2001 邮编：100079
印　　刷	北京启航东方印刷有限公司

开　　本	710×1000　1/16
字　　数	240千字
印　　张	16.5
版　　次	2025 年 6 月　北京第一版
印　　次	2025 年 6 月　第一次印刷
定　　价	58.00 元

编委会名单

主　编：李　罡　武小宇　高小雨

副主编：汤晓丹　赵云珠　杜佳珈

张亦弛

目录

第一章　演艺娱乐经营管理相关概述 / 001

第一节　演艺产业 / 001

第二节　演艺娱乐经营管理内涵 / 017

第三节　演艺娱乐经营发展环境 / 025

第二章　全球与中国演艺业的发展 / 035

第一节　全球演艺业的发展 / 035

第二节　中国演艺业的发展 / 046

第三章　演出活动中的舞台管理 / 058

第一节　舞台管理的类型 / 059

第二节　舞台监督 / 060

第三节　舞台管理的流程 / 064

第四节　舞台管理中的事件处理 / 069

第四章　演出业的产业化运作 / 073

第一节　演出资源的开发 / 073

第二节　演出品牌的打造 / 080

第三节　演艺业现代化营销 / 091
第四节　演出艺术创意衍生品开发 / 101

第五章　演艺业的投融资机制 / 114

第一节　演艺业的投融资概述 / 114
第二节　国内外演出的资金来源 / 118
第三节　演艺业投融资的风险分析 / 120
第四节　文化艺术类基金会 / 126
第五节　演艺业投融资的启示 / 129

第六章　剧场演出经营管理 / 138

第一节　剧场概述 / 138
第二节　剧场演出概述与经营管理 / 142
第三节　剧场演出的筹备 / 145
第四节　剧场演出的制作管理 / 162
第五节　剧场演出的运营管理 / 172

第七章　娱乐演出经营管理 / 182

第一节　电视综艺经营管理 / 182
第二节　音乐演出经营管理 / 192

第八章　旅游演艺经营管理 / 202

第一节　旅游演艺概述 / 202
第二节　旅游演艺的发展进程 / 209
第三节　旅游演艺产品的开发 / 213

第九章　沉浸式演艺经营管理 / 225

第一节　沉浸式演艺概述 / 225

第二节　沉浸式演艺经营管理概述 / 229

第三节　沉浸式演艺的创意与设计 / 235

第四节　沉浸式演艺的未来趋势与挑战 / 244

参考文献 / 251

后　记 / 254

第一章　演艺娱乐经营管理相关概述

第一节　演艺产业

演艺产业在文化产业中占据重要地位。近年来国家多项重要规划都将发展文艺产业定位为发展文化产业的重点之一。随着经济发展，民众的文化消费需求增长，观看娱乐性强、影响力大的演出节目成为人们最普遍的文化消遣方式之一。可见，演艺产业的发展是文化产业繁荣的重要推动力。演艺产业是文化产业体系中的产业之一，是一个创意密集、劳动力密集的产业，也是一项低能耗的低碳产业，具有很大的辐射作用。

一、演艺产业概述

（一）演艺产业的概念界定

广义上的演艺产业指的是从事表演艺术及相关活动的企业集合。狭义上的演艺产业指的是由演出的创作、生产、表演、销售、消费及经纪代理、艺术表演场地等配套服务构成的产业体系。

演艺产业的产品形式丰富多样，包括音乐、舞蹈、戏剧、戏曲、曲艺、杂技等，其中演唱会和舞蹈表演在近年来的发展中表现尤为突出。这些演艺产品不仅满足了人们的文化娱乐需求，也为演艺产业带来了巨大的经济效益。

演艺产业的核心在于创意，需要不断地进行创新思考和艺术探索，以满足观众的需求和应对市场的竞争。同时，演艺产业也呈现出与其他行业跨界整合的趋势，如大型综艺节目与电商、互联网公司、品牌商的合作，以及音乐人、演员参与其他领域的活动等，为演艺产业带来了更多的商业机会和市场价值。

此外，随着信息技术的快速发展，互联网、移动互联网的普及为演艺产业带来了新的机遇。新的娱乐形式如网络综艺、短视频、游戏直播等开始兴起，为演艺产业带来了更多的创作与表演机会，使得演艺产业逐渐变得多元化。

在全球化背景下，演艺产业也逐渐体现出国际化趋势。中国的戏曲、歌舞、音乐、电影等演艺产品正逐渐走向世界舞台，向世界展示中国文化的魅力。同时，演艺产业也加强了与国际市场的接轨，国际交流与合作成为产业发展的一个重要方向。

（二）演艺产业的特点

1. 文化性与艺术性

演艺产业中深厚的文化性与艺术性是其最为显著的特征。首先，演艺产业以文化为核心，这不仅体现在其创作灵感来源于丰富多彩的文化传统和历史积淀，更在于它通过演艺产品，将文化的精髓和价值观传递给了观众。无论是戏剧、歌舞剧还是各种音乐会，都是对文化的一种深刻诠释和传承。其次，演艺产业以艺术为表现形式。艺术是演艺产业的灵魂，它赋予演艺产品独特的魅力和感染力。无论是精湛的演技、动人的歌声，还是绚丽的舞台效果，都是艺术在演艺产业中的生动体现。这些艺术形式不仅带给观众视觉和听觉的享受，更使其在心灵深处产生共鸣，让人们感受到艺术的无穷魅力。

2. 创意性与创新性

创意性是演艺产业的灵魂。在演艺产品的创作过程中，无论是剧本的构思、角色的设定，还是舞台的设计、表演的形式，都需要创作者发挥无尽的创意和想象力。这种创意性不仅体现在对传统文化的传承和创新上，更体现在对现代社会的敏锐洞察和深刻反思上。创作者通过发挥创意，让演艺产品能够触及人们内心深处的情感，引发共鸣，从而实现其艺术价值和社会价值。而创新性是演艺产业发展的重要驱动力。在快速变化的时代背景下，观众的审美需求也在不断变化和升级。这就要求演艺产业必须不断创新，以适应市场和观众需求的变化。这种创新性体现在多个方面，如新技术的运用、新表演形式的探索、新营销模式的尝试等。通过创新，演艺产业能够不断推陈出新，创造出更多具有吸引力和感染力的演艺产品，吸引更多观众关注和喜爱。

3. 跨界性与融合性

跨界性指的是演艺产业与其他产业领域的交叉与融合。这种跨界合作不仅拓宽了演艺产业的边界，也为其带来了更多的发展机会。例如，演艺与旅游产业的结合，诞生了旅游演艺这一新兴业态。通过演艺产品，旅游目的地的文化内涵得以生动展现，吸引了大量游客前来观赏，从而推动了旅游业的繁荣。演艺与科技的结合也带来了许多创新。利用虚拟现实（VR）、增强现实（AR）等先进技术，观众可以更加身临其境地感受演艺产品的魅力，为演艺产业带来全新的观赏体验。

融合性是指演艺产业内部不同艺术形式的相互融合。在演艺产品中，可以看到戏剧、音乐、舞蹈、美术等多种艺术形式的交融与碰撞。这种融合不仅丰富了演艺产品的表现形式，也使其更加具有艺术性和观赏性。例如，音乐剧就是音乐与戏剧的完美融合，通过歌唱和表演，将故事情节和情感表达得淋漓尽致。此外，现代舞剧、戏剧与绘画的结合等也是演艺产业融合性的生动体现。

（三）演艺产业的价值

1. 经济价值

演艺产业作为创意经济的重要代表，其蕴含的经济价值不容小觑。这一产业通过创作、制作、演出、发行等多个环节，为社会创造了大量的就业岗位，为众多从业者提供了稳定的就业机会。同时，演艺产业与旅游、餐饮、娱乐等相关产业的深度融合，形成了一条完整的产业链，有效拉动了相关产业的发展，为经济增长注入了新的活力。

演艺产品作为一种特殊的文化类商品，其市场需求旺盛，消费群体广泛。优秀的演艺产品往往能够引起观众的共鸣，获得市场的青睐，进而实现可观的经济效益。此外，演艺产业还通过版权保护、衍生品开发等方式，实现了演艺产品的多次增值，进一步提升了其经济价值。

2. 文化价值

演艺产业是文化传承和创新的重要载体。通过艺术表演的形式，演艺产业将传统文化、历史故事、民族精神等的深刻内涵传递给观众，让人们在欣赏演出的同时，感受到文化的魅力。这种文化传承不仅有助于弘扬优秀文化，更能够增强民族自信心和凝聚力。

同时，演艺产业也是文化创新的重要源泉。在艺术创作过程中，艺术家们不断挖掘新的题材、尝试新的表演形式，为观众带来耳目一新的艺术体验。这种文化创新不仅丰富了人们的文化生活，更提升了社会的文化品质，为社会的和谐发展注入了新的活力。

3. 社会价值

演艺产业在社会发展中扮演着举足轻重的角色。它能够满足人们的精神文化需求，提升人们的审美素养。优秀的演艺产品能够激发人们的情感共鸣，引导人们树立正确的价值观，对社会的道德风尚产生积极影响。此外，演艺活动还能够促进社会和谐稳定。通过举办各种形式的文艺演出、文化节庆等活动，演艺产业能够增强人们的凝聚力和归属感，促进不同文化之间的交流与融合。这种文化交流与融合有助于增进人们之间的相互理解和尊重，促进社会的和谐发展。

二、演艺产业分类

（一）按照产品分类

我国现有的演艺产品主要可以分为音乐、舞蹈、戏剧、戏曲及其他五大类（如表 1-1 所示）。音乐类的演艺产品涵盖了多种风格与形式，如民族音乐、歌剧、合唱等，这些产品通过音乐的力量传达情感、表达思想，给观众带来美的享受。舞蹈类演艺产品包括芭蕾舞、现代舞、民族舞等多种舞蹈形式，舞蹈演员通过优美的舞姿和精湛的技艺，展现出舞蹈艺术的魅力和内涵。戏剧类演艺产品包括话剧、音乐剧、儿童剧等，这些产品通过故事情节、人物塑造和舞台表现，反映出社会现实和人生百态，引起观众的共鸣。戏曲作为中国传统文化的重要组成部分，具有深厚的历史底蕴和艺术价值，我国各地的戏曲剧种丰富多样，如京剧、昆曲、豫剧等，都展现出了独特的艺术魅力。除了以上四大类，还有一些其他类型的演艺产品，如曲艺、杂技等。这些演出形式各异，内容丰富，为观众提供了更多的选择。

演艺产品不仅丰富了人民群众的精神文化生活，也推动了我国文化产业的繁荣发展。同时，随着社会的进步和科技的发展，演艺产品的形式和内涵也在不断创新和丰富，为观众带来了更多的惊喜和感动。

表 1-1　按照产品分类

类型	细分
音乐	民族音乐、西方古典音乐、流行音乐、歌剧、合唱
舞蹈	芭蕾舞、现代舞、民族舞、舞剧
戏剧	话剧、音乐剧、儿童剧、木偶剧
戏曲	京剧、昆剧、越剧、秦腔、川剧、梨园戏、其他地方戏曲
其他	曲艺、杂技、皮影戏、旅游演艺

（二）按照产业价值链环节分类

演艺产业价值链的环节。主要分为演艺生产、技术支持、营销推广、宣传、票务销售、经费资助、演出场馆、消费者等，其对应的从业主体如表 1-2 所示。

表 1-2　按照产业链环节分类

环节	从业主体
演艺生产	音乐团体、舞蹈团体、戏剧团体、戏曲团体、综合性表演团体、制作公司、文化公司
技术支持	灯光、音响、舞台、道具、服装等机构
营销推广	演出公司、广告公司
宣传	媒体、公关公司、网络公司
票务销售	票务销售公司
经费资助	政府、赞助方

续表

环节	从业主体
演出场馆	专业剧场、体育场馆、山水实景、商业空间、城市户外、农村户外等
消费者	团体、个人

（三）按照组织的营利性质分类

演艺产业可以根据组织的营利性质分为营利性演艺产业和非营利性演艺产业。

营利性演艺产业通常以企业法人形式存在，指以市场需求为导向，以营利为目的，提供演艺产品或服务的市场主体，包括专业或业余的文艺团体、影视制作公司、演出场所、网络直播平台等。

非营利性演艺产业通常以非企业法人形式存在，指不以营利为目的，提供演艺产品或服务的市场主体，包括政府文艺机构、社会团体、文艺协会、民间文艺组织等。

需要注意的是，随着市场经济的发展和产业化程度的提高，营利性演艺产业和非营利性演艺产业的界限有时并不十分明晰。

（四）按照受众分类

国内的演艺产业按受众来分大致可分为旅游演艺和城市演艺。其中，旅游演艺可分为实景旅游演艺、主题公园旅游演艺和剧场旅游演艺等三大类。国内的城市演艺以专业演出和驻场演出为主，可以细分为喜剧类、音乐类、舞蹈类和曲艺杂技。两者的核心区别在于，旅游演艺依靠旅游目的地客源导流，而城市演艺凭借其优质的演出内容吸引客流。

据国家统计局数据，我国第五次全国经济普查的结果显示，2023 年全国文化及相关产业增加值为 59464 亿元，占国内生产总值的比重为 4.59%，比上年提高 0.17 个百分点，我国旅游演艺市场呈现稳定良好增长。经文化和旅游部数据中心测算，2024 年国庆节假期，全国营业性演出 4.43 万场次，同比增长 14.5%；票房收入 22.09 亿元，同比增长 25.9%；观众 1169.7 万人次，同比增长 13.3%。商圈街区节日氛围浓郁，成为消费新亮点。传统文化焕发活力，国潮非遗出彩出圈。文博场馆持续火爆，多地开展延时服务，推出夜游项目。多地景区、度假区、休闲街区推出川剧变脸、秦腔、皮影戏、古彩戏法、国风舞蹈、国风音乐等项目，吸引大批游客，全国举办非遗传承实践相关活动近 3900 场。

从城市演艺来看，据中国演出行业协会票务信息采集平台数据监测和调研测算，2024 年上半年全国营业性演出（不含娱乐场所演出）场次 25.17 万场，票房收入 190.16 亿元，观众人数 7910.13 万人次。其中，大型演出市场上半年呈持续上升态势，演唱会、音乐节票房收入同比增长 134.73%；观演人数同比增长 63.35%。中国演出行业协会、北京天桥艺术中心、灯塔专业版联合发布的《2024 中国音乐剧市场年度报告》中提到，2024 年 1—10 月，全国音乐剧演出场次 1.36 万场，较 2023 年同比增长 5.5%；票房达到 13.96 亿元，同比增长 26.7%；观众人数 582.13 万人次，同比增长 4.6%。

目前我国旅游演艺和城市演艺正处于发展不平衡阶段。以宋城集团为例的龙头企业除了在旅游演出方面继续寻求创新，谋求新发展，也开始将眼光转向城市演艺。宋城集团从产品、区位、价格、营销等方面发力，打造核心优势的做法也为中国演艺产业的发展提供了思路。

三、演艺产业价值链

（一）传统的演艺产业价值链——“三段式”演艺产业价值链

在演艺产业发展早期，社会分工和协作体系有待完善时，演艺产业只有演艺生产机构和演出场馆两大主体。前者一般指艺术表演团体，其工作包含创作、制作、舞台技术、演出等环节；后者提供场地和负责票务销售，而营销推广、衍生产品环节则相当薄弱。因此，传统的演艺产业价值链，形态非常简单，由演艺生产、演出场馆、观众等三个环节组成，可称之为“三段式”演艺产业价值链，如图 1-1 所示。

图 1-1　“三段式”演艺产业价值链

（二）延长的演艺产业价值链——“多段式”演艺产业价值链

英国学者查尔斯·兰德里（Charles Landry）最早将价值生产链分析法引入对文化产业的应用研究，提出文化产业价值链包括创意形成、文化产品生产、流通、发行渠道、消费者接受等五个价值环节。他认为，本质上，文化产业价值链就是文化创作人才、文化企业内部和文化企业之间，为生产最终满足消费者效用的文化产品或服务所经历的增加价值的活动过程，它涵盖了文化产品或服务在创造过程中所经历的从最初创作到最终消费品的所有阶段。

文化产业内部各子行业都有着不同的产业价值链构成，随着经济发展和分工细化，演艺产业价值链环节不断增加，从传统的“三段式”向“多段式”发展，涵盖了内容创作、制作、舞台技术、演出经纪、票务销售、演出场馆、观众等环节，如图 1-2 所示。

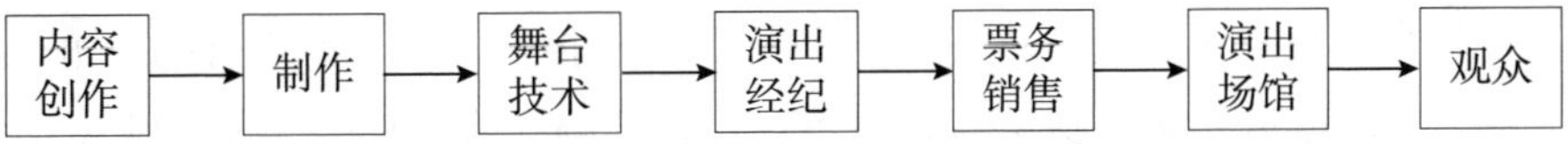

图 1-2　“多段式”演艺产业价值链

原来由艺术表演团体和演出场馆包揽的各个环节，现在需要更多的组织共同完成，呈现出经营主体多元化、经营内容多样化的格局，与演出相关的创意、制作、表演、宣传、售票、融资、舞美设计、人才培训、行业管理等产业体系逐步完善。

在演艺产业价值链上活跃着的主体有：创意主体——创作人员；生产主体——艺术表演团体、制作公司、舞台技术企业；营销主体——演出公司、票务公司；传播主体——演出场馆、媒体、音像出版；消费主体——观众。

此外，政府、投资方、赞助方、人才培养机构等也是演艺产业价值链上的重要组成部分。

从产业价值链上、中、下游来分析，产业上游的主体包括人才培养机构、创作人员等，产业中游则包含艺术表演团体、制作公司、舞台技术企业、赞助方等，产业下游是传播与消费的通路，包含演出公司、票务公司、演出场馆、媒体等。

在演艺产业价值链诸环节中，内容创作是源头环节，主要指剧本、音乐、舞蹈等的创作和导演过程，这个环节的主体有企业，也有个人或者工作室，艺术家、设计师是其中的关键人物，成果以版权等知识产权的方式凝固。在生产环节，内容的拥有者或版权的购买者，结合舞台技术等手段，以演员的身体为媒介，使得演艺产品最终在舞台上呈现。生产环节的主体有各类艺术表演团体，也有以项目制方式进行产品制作的文化公司等。

（三）新型的演艺产业价值链——“网状式”演艺产业价值链

随着演艺产业的进一步发展，演艺产业价值链不再仅仅是多段式的线性链，而呈现为不断扩张的网状链，在这种“网状式”演艺产业价值链上，不仅有传统的上下游关系，还有相关利益者，如图 1-3 所示。

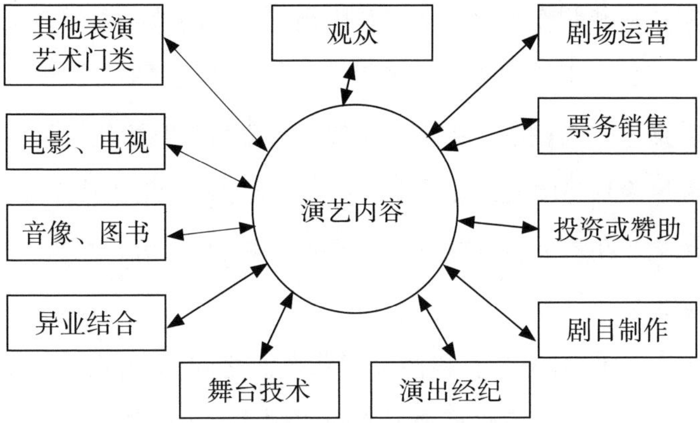

图 1-3　“网状式”演艺产业价值链

与线性链相比，“网状式”演艺产业价值链是一个以演艺内容为核心、多点互动的系统，既有在版权基础上的产业链延长和伸展，如向电影、电视、音像、图书和其他表演艺术门类等延伸，也有与其他产业，如旅游、房地产、商业等的结合。

百老汇被认为是演艺产业高度发达的样板，作为一个成功的演艺集聚区，百老汇的演艺产业由舞台创作、制作、运作的各方人士共同缔造。以下以百老汇为例概述“网状式”演艺产业价值链的构成。

就一部音乐剧的投资与收益而言，主要涉及投资人、版权所有方、剧目制作人和制作企业、剧目经纪方、剧场产权人兼运营商。

投资人。20 世纪 90 年代后，音乐剧的制作呈现为全球化、集团化操作，作曲家、剧作家或编舞家头脑中的灵感要发展成为一台剧目，往往都以组织合作的方式才能运作成功。

版权所有方。将一个想法变成文本，然后又将文本变成舞台产品的人，都有可能成为该剧目版权所有方的一分子。版税比例由作者与制作人签订的协议以及剧目成功的程度来决定。针对顶级畅销演出和顶级创作者，制作人也可以用利润分成的方式代替版税制，词曲作者、导演、编舞等都将每周从票房收入中获得一定比例的分成。

剧目制作人和制作企业是掌控音乐剧产业链的核心人物，监管剧目的整个创作过程，负责筹措资金，协调投资人和主创等多方，确定创作预算和每周运营成本，与剧院、主创团队签订劳务协议和版税协议。随着百老汇的花费和风险日趋增大，音乐剧的制作需要多位投资人或企业投入资金，共同承担风险。在整个制作链条中，还有行政总监、舞台总监、剧场经理、星探等众多人员。

剧目经纪方即制作企业和剧院经营企业之间的中间商。如百老汇亚洲娱乐管理公司就是一家将百老汇不同的演艺娱乐产品推广到全球市场的经纪公司，其业务包括版权代理、咨询、运营等，力求打通经纪、策划和制作。

剧场产权人兼运营商。庞大的百老汇主要由几家现场娱乐连锁集团公司组成，如拥有百老汇剧场产权或管理权最多的舒伯特集团，仅次于舒伯特集团的倪德伦集团，以及排名第三的朱詹辛戏剧集团。不少集团公司不只拥有纽约的产业，也涉足全美和跨国剧场运营。

在百老汇，从上游的创意、策划、投资，到演员的培训、剧目制作、票务营销，以及剧场运营、纪念品销售等，产业链中的每一个环节都有若干个同一类专业公司承接业务，而每个公司又都可以与产业链上下游的其他公司签订短期或长期的协议，一般一个剧目就构成一条单独的产品线。因此，剧场的拥有者可以与不同的制作公司签不同的剧目；制作公司可以与不同的创作班子签不同的产品版权；演员可以与不同的制作公司签不同的演出合同；等等。每一个产业元素都可以按不同的需要与其他产业元素搭配以产生最佳的效益。百老汇有成百上千个细分的专业公司，他们之间根据不同的剧目产品进行优化整合；在公司下面还有一大批自由的专业人员，与不同的公司和戏剧项目组签约。实际上，这里存在的是一种网状交叉的自由组合结构。

在产业融合与推动方面，百老汇对电影业的贡献成就卓著，仅改编后获得奥斯卡金像奖的经典音乐剧电影就有十余部，如大名鼎鼎的《歌剧魅影》《悲惨世界》《猫》等。百老汇对纽约经济的带动，更涉及餐饮、住宿、交通等方方面面。据“百老汇联盟”的统计，2012 至 2013 年度票房收入 11.4 亿美元，观众数达 1157 万人次，为当地提供 8.6 万个工作岗位，对纽约市经济的贡献超过 110 亿美元。最新数据显示，2017 年百老汇演出场次 13244 场，吸引观众 1327 万人次，票房收入 13 亿美元，带动周边消费 5 亿美元。

（四）演艺产业价值链分析

演艺产业所涉及的各项活动，包括内容生产、场地、灯光、音响、服装、道具、票务、营销、公关、融资、补助、赞助等，关联产业有电影、音像、出版、餐饮、交通、物流、商业、旅游、教育培训等。

演艺产业价值链中相关主体的相互联系如图 1-4 所示。

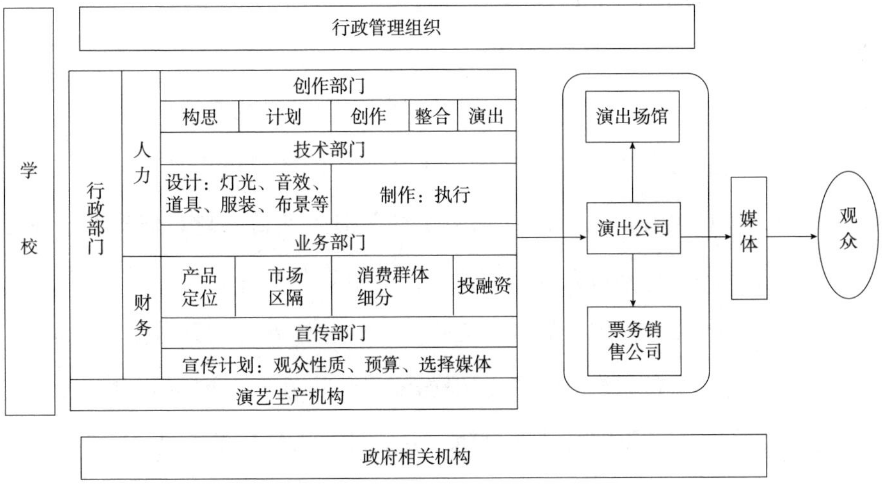

图 1-4 演艺产业价值链中相关主体的相互联系

从图 1-4 中可以看到相关主体之间的相互联系，当然除此之外还有替代企业、舞台技术企业、制作公司等，这些没有在关系图中展示出来。

1. 演艺生产机构

演艺生产机构指进行演艺产品的创作、制作和演出的组织。传统上一般指艺术表演团体，即专门从事表演艺术活动的文化机构，涵盖音乐、舞蹈、话剧、戏曲、曲艺等众多艺术门类。艺术表演团体的行业管理部门是文化和旅游部。

一台节目的产出除了内容创作，舞台技术、业务以及宣传等都不可或缺。艺术表演团体内部一般分为创作部门、技术部门、业务部门、宣传部门、行政部门等。创作部门包括艺术总监、编剧、导演、音乐作曲等人员；技术部门包括技术总监、舞台监督、技术指导，以及负责舞台、灯光、服装、道具、化妆等的工作人员；业务部门包括营销、票务人员；宣传部门包括企划、宣传人员等；行政部门包括人力资源和财务管理人员等。

创作部门的工作可分为构思、计划、创作、整合与演出等阶段。导演可能并非在节目制作开始时就有清楚的构想，而是在演员甄选、排练之中渐渐相互激发出灵感，逐渐将内容具体化。创作部门还需与技术部门、业务部门和宣传部门沟通协调，拟订演出计划以及最后的演出呈现方式。

技术部门通常分为设计和制作两大部分，设计群负责灯光、音效、道具、服装、布景等舞台元素的构想与设计，对于节目的舞台效果和呈现意象进行脑力激荡，并进行设计图绘制等工作。制作群按照设计的结果执行，规模较大的剧团通常将相关的制作工作对外转包给专业的舞台技术公司。

业务部门主要负责营销策划，根据演出节目性质，拟定此台节目的产品定位、市场区隔以及细分消费群体，并对外寻求经费的支持。

宣传部门的工作主要是依据节目的定位制订宣传计划，依据计划中所归纳的观众性质及预算，选择适合的媒体，将节目包装之后呈现给消费者。演艺产品的宣传和其他产业的不同之处在于，节目未上演前观众无从得知产品的样貌。因此，演出票券是属于预售商品的性质，观众对于节目预先的感知完全来自宣传。

行政部门主要是人力资源管理、财务管理等，工作零碎且烦琐，然而却是一个剧团不可或缺的部门。一台节目的呈现除了优秀的创作群，尚需相关行政人员的配合才能提供最佳的服务。

2. 演出场馆

演出场馆是演出的发生终端和观众的消费场所，主要可分为专业剧场、体育场馆、山水实景、城市户外、农村户外等。演出场馆与演艺生产机构的合作方式有收取租金型、票房分成型、买断节目型等，也有演出场馆以自制剧目为主。

3. 演出公司

演出公司从事演艺产品的策划、组织、营销等活动，或从事演出居间、代理等经纪活动，具体包括租赁或安排剧院，与票务销售公司合作进行票务销售，负责剧目宣传推广、协调安排、组织演出等一系列工作，是演艺生产机构和演出场馆之间的桥梁。

4. 票务销售公司

票务销售公司负责演出票务销售，并对剧目进行宣传、推广，包括专业的票务平台，以及艺术表演团体、演出公司和剧院自主运营的票务系统等。前者又分为以大麦网、永乐票务等为代表的自营票务平台，及以摩天轮票务为代表的新一代互联网票务平台。互联网票务平台凭借大数据分析，为演艺产品的宣发、推广与销售提供了科学的解决方案。

5. 媒体

媒体包括传统的专业媒体和大众媒体、新兴的互联网垂直媒体，以及各产业主体运营的自媒体等。《新剧本》《戏剧》《中国戏剧》等杂志属于专业媒体，影响力主要限于演艺业内人士。相比之下，大众媒体在演艺产品的宣传推广方面起到相当大的作用，部分媒体运用其对于受众的影响力开拓演出经纪、票务销售等业务，涉足演艺产业。新媒体如宽度网、豆瓣等，以及戏剧类、舞蹈类、音乐类、戏曲类等垂直自媒体，以各类演出为基础，分享剧目深度介绍和评论，利用社区化的口碑宣传，促进剧目的广泛传播，帮助大众了解和接受演艺产品。

6. 观众

观众是演艺产业价值链的终点，也是价值实现的最重要节点。

7. 政府相关机构

表演艺术在相当程度上被政府赋予意识形态宣传工具的职能，因此演艺产业发展与政府的关系比一般产业更为密切。政府的作用既体现在财政补贴、购买节目等支持上，更体现在通过政策引导，为产业发展提供良好的宏观环境，促进产业长期健康发展上。

8. 行政管理组织

全国性的行政管理组织如中国演出行业协会，是演出经营主体和演出从业人员自愿结成的全国性、行业性、非营利性的社会组织，下设演出剧场委员会、演出技术专家委员会、票务委员会、儿童艺术演出等专业委员会，以及各省级演出行业协会，拥有数以万计会员单位。协会会员包括文艺表演演出团体、演出场馆、演出公司、演出经纪公司、演出票务公司、舞美制作公司的单位和个人。

行政管理组织的主要业务为：组织演出行业市场调研，向政府部门提供行业建议；组织实施演员、演出经纪人等演出从业人员资格认定工作；

开展演出行业技术、服务标准化的制定和推广工作；制定行业自律规范等。

9. 学校

全国范围内有音乐、舞蹈、戏剧、戏曲等专门的高等院校，也有开设在综合性大学里的表演艺术相关科系，如音乐系、舞蹈系、戏剧系等。近年来，学校在培养编剧和表演人才的传统专业之外，新设立了艺术管理、文化产业管理等专业，致力于培养产业经营人才。

10. 其他

制作公司是随着演艺产业市场化程度提高而出现的新型生产主体，制作公司一般购买版权或与版权方合作，组建主创团队和演员队伍，进行剧目的制作和演出，是更加灵活的产业主体。

舞台技术企业包括舞台机械、专业灯光、音响设备等生产和服务企业，运用美术设计、灯光、音响、服装等手段实现舞台效果，为艺术产品服务。

替代品企业的形成。以影视、综艺节目、互联网娱乐为代表的娱乐形态和信息技术的发展，带给人们更多样和更便捷的选择。近年出现的根据现场演出拍摄的高清影像，对于现场观演形成了替代，在某种程度上加剧了以现场表演为核心特征的表演艺术的危机。

第二节　演艺娱乐经营管理内涵

随着经济社会的发展和人民生活水平的提高，人们对精神文化生活的需求日益增长，演艺产业作为满足这一需求的重要领域，其经营管理发展前景十分广阔。尤其是市场规模的扩大为演艺娱乐经营管理提供了广阔的发展空间。随着城市化进程的推进和居民收入的提高，人们对演艺娱乐活动的需求不断增加，演艺娱乐市场呈现出快速增长的态势。同时，互联网、移动设备等新兴技术的发展也为演艺产业的传播和营销提供了更多可能性，进一步扩大了市场规模。

一、演艺娱乐经营管理的概念和特点

（一）概念

演艺娱乐经营管理是指对演艺娱乐活动的策划、组织、实施、监管等环节进行综合管理和把控。这些环节可能包括剧本创作、排练演出、场地布置、票务销售、观众接待、演出监督等。演艺娱乐经营管理的主要目标是确保演出的顺利和成功，提升观众体验，满足市场需求，同时遵守相关法规和行业标准。

（二）特点

演艺娱乐经营管理的特点主要表现在以下几个方面。

一是高度创意性。演艺产业是创意密集型产业，演艺娱乐经营管理的核心在于对创意的把握和运用。这需要管理者具有深厚的艺术素养和敏锐的市场洞察力，能够发掘并整合优质的演艺资源，创作出符合市场需求的产品。

二是与市场紧密相连。演艺娱乐经营管理的成功与否，在很大程度上取决于对市场的理解和适应能力。要能够根据市场需求进行演出策划和调整，同时合理配置资源，提高效率，提升竞争力。

三是资源整合能力强。演艺娱乐经营管理需要具备较强的资源整合能力，包括整合艺术家、演出场地、观众、媒体等各种资源，使其发挥协同作用，推动演艺产业的发展。

四是注重风险管理。演艺娱乐经营管理还需要注重风险管理，要能够预见并有效应对可能出现的风险和挑战，如资金风险、技术风险、法律风险等。

五是持续创新。在快速变化的演艺市场中，持续创新是演艺娱乐经营管理的重要特点。只有不断创新，才能保持竞争优势，实现可持续发展。

综上所述，演艺娱乐经营管理具有高度创意性、与市场紧密相连、资源整合能力强、注重风险管理和持续创新等特点，需要管理者具备全面的素质和卓越的管理能力。

二、演艺娱乐经营管理相关概念

（一）艺术与艺术管理

艺术是人类存在的一种形式，它起源于人类精神沟通的需要。艺术的历史几乎和人类的历史同样长久。艺术可以是一个人独自进行的活动，也可以是集体进行的活动。当艺术以集体活动形式存在时，就产生了管理的需要。“管理”在这里意味着对集体性艺术创作和生产活动的组织、协调与控制。这就是艺术管理概念的由来和初始含义。

需要提请读者注意的是，无论一个艺术团体的管理，还是一个剧院、剧场、演出公司等的管理，都属于微观艺术管理的范畴。微观艺术管理就是作为个体的演艺团体的自我管理。所谓“组织”“协调”“指挥”“控制”也只是在微观艺术管理范围内才获得其“管理”的本来含义。

与艺术活动的微观管理相对应的是艺术活动的宏观管理。宏观管理不再指一个艺术团体内部的管理，而是立足于全社会角度的政府对整个演艺产业的管理。这种管理是通过政策制定和制度实施予以体现的。本书把艺术活动的宏观管理界定为政府为促进演艺业发展而制定的政策体系和制度安排。显然，这里所说的“管理”已经和微观层面存在的、初始意义上的“管理”全然不同。

如果说对艺术活动的微观管理在古代社会就有丰富的实践，那么对演艺业的宏观管理则纯粹是现代社会的产物。

（二）艺术的基本属性

现代艺术表演活动的第一个基本属性是它承载着文化再生产和人类精神文明传承的重要使命，具有公民社会属性。从社会结构角度看，现代演艺业乃是现代公民社会的一部分，应该而且必须履行塑造民族精神、鞭笞社会丑恶、完成文化传承、使人类精神在相互沟通中不断提升的公民社会职能。

真正具有公民社会品格的艺术产品不但立意严肃，而且多具有深刻的原创性。这里的“原创性”可以从两个层面理解。首先，这些艺术产品是作者批判性地观察社会、理解人生的产物，它们体现着作者出于艺术家良心所进行的独立思考，正是这种独立思考赋予产品内在的生命。其次，“原创性”还意味着艺术创作和表演过程中技术手段、表演技巧、艺术形象塑造等方面的推陈出新。就表演艺术而言，无论是文学剧本的一度创作，还是导演的二度创作和演员的三度创作，都有一个高扬“原创意识”的问题。一部具有深刻原创性的、从内容到形式都很优秀的产品才能够打动人，在心灵层面与观众产生积极的互动。艺术产品的公民社会品格也正是借此获得充分的、明白无误的呈现。

现代艺术表演活动的第二个基本属性是它的商品属性。现代社会是个以货币为媒介的商品经济社会。商品经济社会的特点是人们借助市场交换各自的劳动。艺术家们生产的是精神产品，精神产品一旦进入市场，同样具有商品的性质，必须通过市场获得消费者的评价和认可。现代传媒技术的发展大大推进了演艺业艺术作品的商业化。

市场经济的同义语是竞争。生产精神产品的艺术家和艺术团体之间同样有竞争。竞争促进了艺术的发展，为消费者提供了更多的选择。市场经济意味着精神产品同样可以产业化。事实上，精神产品的产业化运作恰恰是现代演艺业发展的一般趋势和基本特征。

市场经济还有一个特点，那就是它诉诸并强化生产者和销售者的谋利倾向。在经济学的概念中，利润最大化是市场经济条件下企业行为的一般准则。那么，生产精神产品的艺术机构是否也应遵循这样的准则？这个问题不能用简单的“是”或“否”来回答。由于艺术家生产的既是精神产品又是商品，我们必须把对该问题的思考放到现代艺术表演活动两大基本属性的关系这个层面上来进行。

经验告诉我们，在具体的艺术实践场合，艺术作品的公民社会属性和商品属性可能一致，也可能不一致。如果一部艺术产品既拥有极高的精神品格又拥有良好的市场回报，我们就可以说它的公民社会属性和商品属性在此达成了一致；如果不是这样，那么两者之间就可能出现矛盾。

演艺业艺术产品市场的形成，与消费者（观众）的欣赏趣味、欣赏水平有很大关系。有些种类的艺术，比如西方古典音乐，要求消费者有较高的文化修养。并不是每个人都有能力去欣赏肖邦的钢琴曲和巴赫的室内乐。在这种情况下，艺术作品的公民社会属性和商品属性之间产生矛盾几乎是必然的。古典音乐不管如何严肃高雅，它的市场肯定是一个相对狭小的市场。而流行音乐由于它的通俗性和大众性，则会拥有一个相对大得多的市场。

一般说来，侧重“通俗性”“娱乐性”的艺术产品会具有更高的商业价值，但在这些场合，它的公民社会功能又往往是被淡化的。当然，这并不意味着侧重“娱乐性”的艺术产品可以全然不顾自己的精神品位。

还有一种情况，那就是某些具有文化传承价值的艺术种类可能需要特殊的扶持和保护。它们代表着一个民族的精神传统，却遇到了现代市场中的生存危机。

不同的艺术产品蕴含着不同的公民社会属性和商业属性。在某些场合，二者的关系是融洽的；在另一些场合，二者的关系又是不协调的，甚至是矛盾的；还有一些场合，可能是各有侧重。这个事实提醒我们，必须从理论上区分不同的艺术表演团体，他们由于担负的艺术表演种类不同，面对的观众不同，执行的文化使命的侧重点不同，而具有不同的市场定位和市场主体身份。

（三）营利性组织与非营利性组织

在经济学上，人们通常把“非营利性”机构界定为“不能在内部分配任何净利润的机构”。这就是说，非营利性机构的生产、经营不能以获取利润为目标。“营利性”机构正相反，它可以堂而皇之地宣称“我的目标就是赚钱”。当然，赚钱的手段、方式必须合法。

“非营利性”概念和“公益性”概念有密切的联系。从事非营利性生产和经营的机构，其产品（或服务）多带有公共产品或准公共产品的属性。而营利性生产和经营机构提供的产品（或服务）通常具有私人产品的属性。

根据以上说明，艺术团体也可以区分为非营利性艺术团体和营利性艺术团体两种。

非营利性艺术团体的生产和经营不能以获取利润为目标，它们的产品具有公益性和准公共产品的属性。从公民社会属性定位和商品属性定位的关系角度看，非营利性艺术团体更注重自己的公民社会属性定位，把向全社会提供更优秀的、具备更高精神品位和文化传承性的精神产品视为自己的天职。

营利性艺术团体可以把自己的运营活动明确地界定为以获取利润为目标。为满足通俗性文化消费需要而组建的艺术团体，或为具有较高技巧性

（从而具有较高可观赏性）的艺术表演活动而组建的艺术团体，多是营利性艺术团体。

无论非营利性艺术团体还是营利性艺术团体，都是文化产业的一部分。表 1-3 描述了文化产业中不同行业的公民社会属性、市场化程度以及对公益性和营利性的不同侧重。

表 1-3　营利性组织与非营利性组织各要素对比分析

行业	公民社会属性	市场化程度	公益性	营利性
新闻传媒业（含公共广播、电视、网络）	强	低	√	
出版业	强	中	√	√
教育业	强	中	√	√
演艺业	次强	中	√	√
图书馆、博物馆	次强	低	√	
旅游业	弱	高	√	√
群众文化业	弱	低	√	
音像业	很弱	高		√
广告、会展业	很弱	高		√
商业网络业	极弱	高		√
娱乐业	极弱	高		√

市场化程度指文化产业中各行业运用市场手段支撑自身活动的能力高低。能力高者，意味着这个行业中的文化机构或文化企业可以靠自身的市场运作生存乃至谋利；能力低者，则需要政府财政、广告收入、民间基金会或其他投入的支持。

表 1-3 中给出的演艺业的公民社会属性和市场化程度是就整个行业而言的。由于演艺业的公共权力监督职能不如新闻传媒、出版、教育等行业那么直接，所以其公民社会属性被界定为“次强”。又由于演艺业的产业化

运营机构中既有非营利性机构又有营利性机构，所以在表 1-3 中表现为同时拥有“公益性”和“营利性”两个选项。类似的情况还有出版业、教育业和旅游业。

（四）使用价值和非使用价值

文化产品的价值可以分为使用价值和非使用价值。使用价值包括直接使用价值和间接使用价值，前者指的是文化产品的生产与消费所直接产生的价值，例如制作一档演艺节目所产生的经济利益，观众欣赏表演所获得的精神享受等；后者指的是文化产品的生产与消费所产生的外部效果，例如表演艺术创意对其他产业的启发、精致艺术对社会人心的陶冶等。此外，文化产品还具备包括存在价值、馈赠价值和利他价值等在内的非使用价值。

日本经济学家上野光平曾对一般消费品与文化产品的价值做过独到的区分。他把一般消费品如冰箱、电视等称为耐用消费品，把文化产品称为永久性财富。耐用消费品的使用价值有时间性，文化产品则具有永恒的文化价值和经济价值。

（五）文化价值和经济价值

文化产品和普通商品的区别是，普通商品只产生经济价值，文化产品则体现或产生了文化价值和经济价值，文化价值又可以分解为若干组成要素，包括审美价值、精神价值、社会价值、历史价值、象征价值、真实价值等。文化产品所具有的文化价值能在潜移默化中提高公众文化素养和社会文明水平。

文化产品的文化价值与经济价值之间存在相关性，但并不绝对，例如一些优秀演艺产品的文化价值很高，经济价值却不高，而与之相反的情况亦存在。因此，演艺产业价值链系统的最终端，在市场和观众之后还应该加入社会价值作为修正。

第三节　演艺娱乐经营发展环境

演艺娱乐经营发展环境是一个复杂而多元的系统，需要经营者从多个方面进行综合考虑和应对。只有充分利用政策机遇、紧跟市场需求、深入了解社会文化环境、积极应对科技进步带来的挑战，才能在激烈的市场竞争中脱颖而出，实现演艺产业的持续健康发展。

一、政治环境

政治环境指对组织经营活动具有实际与潜在影响的政治制度与政府态度。政治环境对演艺娱乐经营管理有着决定性的影响，国家的文化政策、演艺产业政策、财政政策等都会对演艺产业的发展产生重要的推动或制约作用。党的十八大以来，以习近平同志为核心的党中央治国理政的一个鲜明特点就是更加注重发挥法治的重要作用，把全面依法治国纳入“四个全面”战略布局，要求领导干部提高运用法治思维和法治方式的能力，明确“凡属重大改革都要于法有据”。在这一背景下，演艺产业的发展，必须以法治为框架、用法治做支撑、由法治来保障。

表 1-4　演艺产业代表性的政策规范

项目	时间	法规
文化建设与发展	2015 年	《关于支持戏曲传承发展的若干政策》
	2017 年	《关于实施中华优秀传统文化传承发展工程的意见》
	2017 年	《国家“十三五”时期文化发展改革规划纲要》
	2019 年	《关于促进旅游演艺发展的指导意见》
	2021 年	《关于进一步加强文艺工作者教育管理和道德建设的通知》

续表

项目	时间	法规
文化体制改革	2013 年	《关于支持转企改制国有文艺院团改革发展的指导意见》
	2014 年	《2014 年文化系统体制改革工作要点》
	2021 年	《关于营造更好发展环境　支持民营文艺表演团体改革发展的实施意见》
文化事业	2006 年	《关于进一步支持文化事业发展的若干经济政策的通知》
	2019 年	《国有文艺院团社会效益评价考核试行办法》
文化产业	2012 年	《文化产业发展专项资金管理暂行办法》
	2014 年	《关于推进文化创意和设计服务与相关产业融合发展的若干意见》
	2014 年	《国家文化产业示范基地管理办法》
	2017 年	《文化部“十三五”时期文化产业发展规划》
	2021 年	《关于推动国家级文化产业园区高质量发展的意见》
市场监管	2012 年	《文化市场日常检查规范（试行）》
	2012 年	《文化市场交叉检查与暗访抽查规范》
	2012 年	《文化市场重大案件管理办法》
	2012 年	《文化市场突发事件应急管理办法（试行）》
	2012 年	《网络文化市场执法工作指引（试行）》
	2018 年	《全国文化市场黑名单管理办法》
演出管理	2009 年	《营业性演出管理条例实施细则》
	2011 年	《营业性演出审批规范》
	2012 年	《演出经纪人员管理办法》
	2021 年	《关于规范演出经纪行为加强演员管理促进演出市场健康有序发展的通知》

续表

项目	时间	法规
涉外演出管理	2014 年	《外国人入境完成短期工作任务的相关办理程序（试行）》
	2015 年	《外国人入境完成短期营业性演出活动的办理程序和工作指引》
文化科技融合创新	2019 年	《关于促进文化和科技深度融合的指导意见》
	2018 年	《国家文化和科技融合示范基地认定管理办法（试行）》
	2017 年	《文化部“十三五”时期文化科技创新规划》
行政事务管理	1996 年	《文化部直属艺术表演团体人员聘任暂行规定》
	1996 年	《文化部直属艺术表演团体机构建制调整及人员考评暂行办法》
	1996 年	《文化部直属艺术表演团体演职员工内部待业保障试行办法》

从不同时期提出的政策即可看出国家对于文化产业越发关注。

“十一五”时期，《文化部关于加快文化产业发展的指导意见》首次明确表述了“演艺产业链”，要求“积极整合创作、院团、剧场、经济等演艺资源，形成剧本创意、演出策划、剧场经营、市场营销、演艺产品开发等紧密衔接、相互协作的产业链”。

“十二五”时期，《文化部“十二五”时期文化产业倍增计划》将演艺产业作为重点行业，提出了要“加快演艺与旅游等相关产业的融合，培育旅游演艺市场，丰富旅游演艺产品，避免同质化。设计开发演艺衍生产品，延伸演艺产业链”。

“十三五”时期，《文化部“十三五”时期文化产业发展规划》提出要打造精品剧目，大幅提升城乡居民演艺消费规模。促进高新科技在演艺行业中的应用，加强小剧场、文艺演出院线等文化消费基础设施建设，加快推进以演出剧场为中心的演艺产业链建设。

政治因素是影响演艺娱乐经营的重要因素之一。政治稳定、法制健全、文化体制完善等，都会对演艺娱乐经营产生积极的影响。

二、经济环境

经济环境对演艺娱乐经营管理也有着重要的影响。经济发展水平、市场需求、消费习惯等都会影响演艺产业的发展。例如，随着人们生活水平的提高和消费观念的转变，对演艺娱乐的需求也日益多样化，这要求演艺娱乐经营管理不断创新，以满足市场的多元化需求。

根据中国演出行业协会发布的《2023 年全国演出市场简报》，2023 年全国演出市场总体经济规模 739.94 亿元，与 2019 年同比增长 29.30%，达到历史新高。全国演出场次 44.06 万场（不含农村演出和娱乐场所演出），与 2019 年同比增长 123.55%；票房收入 502.32 亿元，与 2019 年同比增长 150.65%；观演人数 17,113.64 万人次，与 2019 年同比增长 83.01%。除票房之外，演出衍生品及周边收入、演出赞助收入、经营主体物业及配套服务收入、艺术教育服务收入等演出经营主体其他收入总计 237.62 亿元。而《2024 年一季度全国演出市场简报》显示，2024 年 1 月 1 日至 3 月 31 日全国营业性演出（不含娱乐场所演出）场次 11.90 万场，与 2023 年同比增长 72.71%；票房收入 108 亿元，与 2023 年同比增长 116.87%；观演人数 3886.99 万人次，与 2023 年同比增长 77.88%，在场次、票房、观演人数三个维度展现良好增势。

具体来看，专业剧场热度不减，2023 年专业剧场演出场次 9.74 万场，与 2019 年同比增长 31.09%；票房收入 86.23 亿元，与 2019 年同比增长 14.21%；观演人数 3064.23 万人次，与 2019 年同比增长 34.54%。专业剧场整体上行源自供给侧的显著增长，观演体验和相关服务水准的提升。2023

年专业剧场在场地供给和项目供给方面均有明显增长，近三年来全国范围内数十个新建和改建专业剧场陆续投入使用，同时国内原创剧目持续发力、国际名家名团回归演出市场，都在很大程度带动剧场演出各项数据回升。

小剧场、演艺新空间（含小型音乐现场 Livehouse）演出场次 18.69 万场，与 2019 年同比增长 471.07%；票房收入 48.03 亿元，与 2019 年同比增长 463.13%；观演人数 2442.40 万人次，与 2019 年同比增长 250.54%。小剧场和演艺新空间在 2023 年整体呈现蓬勃发展态势，新空间成为城市更新的重要抓手，多地出台专项鼓励政策，在吸引相关演出企业进驻、传统空间改造、探索文旅融合新模式等方面都呈现较强积极性和主动性，该类演出的场次和票房收入都呈现超四倍增长。从市场整体看这些小微型演出在孵化原创产品、培养创作团队、丰富演出业态、培育观众群体等方面效果显著。

演唱会、音乐节带动效应凸显，2000 人以上大中型演唱会、音乐节 2023 年演出场次 0.56 万场，与 2019 年同比增长 100.36%；票房收入 201.71 亿元，与 2019 年同比增长 373.60%；观演人数 3551.88 万人次，与 2019 年同比增长 208.50%，热度持续走高。5000 人以上的大型演唱会、音乐节项目数量多、场次多，始终保持社会层面广泛的关注度。一方面，大型演出项目集中释放，久别市场后的重归使该类项目数量、场次均达到历史新高，优质项目推高消费热度，“抢票”“秒杀”“售罄”等关键词成为各大网络热搜榜常客。另一方面，2023 年演唱会音乐节下沉效应凸显，在三、四线城市举办的比例攀升，成为拉动跨城观演和促进地方文旅消费的重要力量。

2023 年全国旅游演艺实现快速增长，场次 15.07 万场，与 2019 年同比增长 72.61%；票房收入 166.36 亿元，与 2019 年同比增长 125.45%；观演人数 8055.13 万人次，与 2019 年同比增长 54.14%。一方面，持续走高的出行需求推动老牌及传统旅游演艺项目始终保持较高热度，尤其是知名品牌项目在节假日和暑期等重点档期，单日演出场次创下历史新高。另一方面，新增或者提质的旅游演艺项目更凸显地方和传统文化底蕴，或为既有景区“加分”增加“卖点”，或以演艺内容为核心重新串联旅游资源和城市“打卡点”，形成旅游演艺的新形态。

旅游演艺本身具有附加值高、融合性强、带动就业多的特点，越来越多的旅游演艺项目正在探索中找准适合自身发展的定位，结合自身特点和各阶段目标，以点带面，持续发力。

2023 年全国演出市场在逐步恢复中实现加速发展，演出业在打破传统格局、拓展发展空间方面呈现令人欣喜的变化。“为一场演出奔赴一座城”成为 2023 年的文旅消费新潮流。新业态不断涌现，旅游景点、商业空间、城市街区探索“演出 +”，并实现“破圈”效应，更多以演艺为核心的商业模式形成高效闭环，以新模式、新场景带动新消费。

三、社会环境

社会文化因素是影响演艺娱乐经营的重要因素之一。不同的社会文化背景、价值观念和消费习惯会对演艺娱乐经营的方式和内容产生不同的影响。

社会文化背景对于演艺娱乐经营的影响主要体现在文化传统、社会价值观及社会阶层方面。不同国家和地区的文化传统差异会对演艺娱乐经营产生影响。例如，中国的传统文化注重家庭、亲情和社会和谐，因此在演艺产品中，亲情、友情和爱情等主题较为常见。而西方的文化传统则更加注重个人主义、自由和竞争，因此在演艺产品中，个人成长、自由和竞争等主题更为常见。社会价值观是指一个社会中普遍存在的对于生活和道德的看法和观点。社会价值观会对演艺娱乐经营产生影响，例如，在一个强调个人自由和竞争的社会中，观众可能更喜欢具有挑战性和创新性的演艺产品。而在一个强调家庭和社会和谐的社会中，观众可能更喜欢具有亲情、友情和爱情等主题的产品。社会阶层是指一个社会中不同层次的人群，不同社会阶层的人会有不同的文化需求和生活方式。演艺娱乐经营需要考虑不同社会阶层观众的需求和偏好，以便制定相应的经营策略和提供相应的演艺娱乐产品。

价值观念会影响人们的行为和判断。价值观念对于演艺娱乐经营的影响主要表现在道德观念、审美观念及成功观念方面。道德观念会对演艺娱乐经营产生影响。演艺娱乐经营需要考虑道德观念的因素，遵守当地的法律法规和社会道德规范，提供健康、积极和有益的演艺产品。审美观念是指人们对于美的看法和观点，它会受到文化、社会、经济和政治等多种因素的影响。演艺娱乐经营需要考虑不同观众群体的审美观念，以便制定相应的经营策略和提供相应的演艺产品。例如，在一些国家和地区，观众可能更喜欢华丽的舞蹈、震撼的音乐和感人的剧情等。成功观念是指人们对于成功的看法和观点，它会受到社会价值观和文化传统等多种因素的影响。演艺娱乐经营需要考虑不同观众群体的成功观念。例如，在一些国家和地区，观众可能更喜欢成功者的故事和奋斗历程；而在另一些国家和地区，观众可能更喜欢平凡人的故事和生活方式等。

消费习惯是指人们对于消费方式和偏好的看法和观点，它会影响人们的消费行为和消费决策。消费习惯对于演艺娱乐经营的影响主要聚焦于消费方式及消费偏好等方面。消费方式包括线上购票、线下购票、会员购票等多种形式。演艺娱乐经营需要考虑不同消费群体的消费偏好和习惯，以便提供相应的购票渠道和服务。消费偏好是指人们对于不同类型、不同形式的演艺产品的喜好程度。演艺娱乐经营需要考虑不同消费群体的消费偏好和需求。例如，一些观众可能更喜欢看歌剧、音乐会等高雅艺术表演；而另一些观众可能更喜欢看喜剧、魔术等轻松愉快的演出。

总之，社会文化因素是影响演艺娱乐经营的重要因素之一，应当从社会文化背景、价值观念和消费习惯等方面考虑不同消费群体的需求和偏好。

中国的演艺产业要积极承担弘扬中华文明、建立文化自信的责任，要充分发挥演艺产业特定优势，深度挖掘中华民族的文化资源，将中国传统历史文化和民间特色文化融入演艺产品创作，积极展示中国的百姓生活与社会进步，提高演出的文化承载力。要着力打造具有世界影响力的中国演艺 IP，加强各类别演艺活动与世界的交融、交汇，通过艺术创新让文化“活”起来，为观众提供精神娱乐的同时，提升其文化境界和艺术鉴赏能力。

从演艺消费群体的年龄分布来看，我国演艺市场消费群体呈现明显的年轻化，20—35 岁的年轻人占最大比重。根据中演院线 2024 年度《中演院线全国演艺市场观演意向调查分析报告》，2024 年，全国演艺市场中青年女性群体是演艺市场的主要观众，女性观众占比高达 80.49%。其中，18—30 岁观众占比 53.43%，31—50 岁观众占比 39.18%。“80 后”“90 后”“00 后”三大群体倾向于观看演唱会、话剧、歌剧等演艺活动，成为演艺消费的主力军，为我国文娱消费市场的未来发展提供了巨大的增长空间。从演艺消费群体的区域分布来看，我国演艺产业消费呈现明显的区域化，主要集中于一、二线城市。根据中国演出行业协会票务信息采集平台和灯塔专业版数据监测，2024 年 1—10 月，在音乐剧市场中，一线城市音乐剧场次占全部场次的 76.2%，二线城市占 21.6%；在票房收入上一线城市票房占比 79.5%，二线城市票房占比为 19.6%。

四、技术环境

随着技术的不断进步和应用，如数字技术、互联网技术、人工智能技术、虚拟现实技术等，演艺娱乐经营的技术环境也在不断变化和改善。数字技术的应用已经渗透到演艺产业的各个环节，包括数字音效、灯光、舞美、演播室技术等。数字技术的应用不仅可以提高演艺产品的制作质量，还可以通过虚拟现实、增强现实等技术为观众提供更为沉浸式的观演体验。互联网技术的应用为演艺产业提供了新的发展模式和渠道。例如，通过互联网平台可以实现在线直播、在线点播、在线互动等，使得演艺产品的传播和营销更加便捷和高效。人工智能技术的应用为演艺产业提供了新的发展方向和动力。例如，人工智能技术可以通过数据分析和挖掘，为演艺产品的策划、制作和营销提供更为精准的决策支持和优化方案。虚拟现实技术的应用为演艺产业提供了新的表现形式和体验模式。通过虚拟现实技术，观众可以在家中或者现场体验到沉浸式的演艺产品，使得演艺产品的表现力和感染力更加突出。

新技术引领演艺产业转型升级。新技术的广泛应用为演艺产业注入了新的动力，推动演艺产业朝着数字化、智能化方向发展。2017 年 4 月，文化部出台了《关于推动数字文化产业创新发展的指导意见》，提出要大力推动演艺娱乐、文化旅游等文化产业的数字化转型升级。当前，5G、人工智能、虚拟现实（VR）/ 增强现实（AR）、超高清视频、人脸识别等数字技术在演艺产业中的应用，推动了“智慧演艺”的建设，丰富了演艺产品的内容和观演形式，提供了更加多元的文化消费体验，这对于促进传统演艺产业升级改造、培育新型演艺形态、扩大演艺产业的受众具有重要意义。受新冠疫情影响，2020 年“云演艺”应运而生，助力演艺产业走出发展困境，并迅速发展为演艺产业的一种新模式，掀起了一波市场开发的热潮。

总体来看，当前我国演艺产业总体发展态势良好，票房收益稳步上升，各细分市场潜力不断释放。大型演出活动呈爆发式增长态势；专业剧场院线布局更为下沉，三、四线城市剧场演出有望成为市场新的增长点；沉浸式、互动式演出新业态保持持续增长，市场需求将吸引更多专业戏剧创作机构进入沉浸式、互动式演艺新赛道；线下市场复苏后，网络直播仍将是民间传统艺术表演者扩大线上传播和增加收入的稳定渠道。

在相关政策扶持下，未来演艺产业的演出内容将结合地方特色、潮流热点等继续推陈出新，利用舞台智能灯光技术、全息多媒体技术等科学技术打造沉浸式演艺，提高演出感官体验。打造多种营销渠道，利用线上、线下双渠道，以内容和价格等吸引客流，促进发展。学习国外演艺产业的成功经验，参考国外的专业化、商业化运作手段，在开拓国内市场的同时，努力寻求海外发展的机会。整体上，演艺产业将会坚守“核心”，积极扩张“边界”，在政府鼓励扶持、市场自由发展、技术推陈出新的背景下，国内演艺市场将会迎来新的发展。

但整体上仍存在不少发展的痛点，如演艺产品内容创新困难、营利方式单一、融资渠道不通畅等。未来，演艺产业将深入探索与旅游、餐饮、主题公园以及数字技术等的融合发展，创新观演形式，拓展发展新空间，加快演艺产业的转型升级、提质增效。

第二章　全球与中国演艺业的发展

第一节　全球演艺业的发展

一、全球演艺业发展阶段的变化

从全球范围来看，演艺产业通常是与其所在地区的社会同步发展，作为浓缩展示社会政治、经济、文化、生活的特有形式和重要载体，全球演艺业经历了从分散到集中、从古典到通俗、从传统到多元，再到结合高新技术实现多重体验的发展过程。从市场分布来看，目前北美是全球最大的演艺市场，其市场份额为 42%，欧洲演艺市场占比 27%，亚洲演艺市场占比 23%，南美洲、非洲、大洋洲等其他区域总占比 8%。当前，全球演艺业正处在从 3.0 时代迈向 4.0 时代的过渡阶段。从演艺成为一个产业开始，全球演艺业从 1.0 时代到 3.0 时代已经走过了三个时代。在不同时代，其形成动力、剧场形式、剧目内容、表现形式都有所不同。

全球演艺业 1.0 时代，推动演艺发展的动力主要来自政府（宫廷）、教会、资本团体等。这些主体以赞助等形式为演艺业提供了资金支持，保障了演艺活动的开展。在这个阶段，剧场形式主要是传统的实体剧场，规模普遍较大，具有地区代表性。在剧目内容上，多为表现奢华宫廷生活、宗教故事等内容的产品，如莎士比亚戏剧和塞万提斯等人的戏剧产品等。这些产品具有较高的艺术价值和文化内涵，成为当时的主流表演形式。在表现形式上，话剧、歌剧等是主流表现形式，舞台和环境设施较为简单。

随着社会的发展和变革，全球演艺业进入了2.0时代。相较于1.0时代，民间资本资助的团体和自主营利性团体增多，政府对演艺产业的扶持力度也在逐步增大。在剧场形式上，以原有剧场为基础，演艺相关产业快速发展并聚集，开始出现了演艺产业集群。这些产业集群不仅提供了更多的就业机会和经济效益，还带动了周边餐饮、酒店、零售商业等产业的发展。在这个时期，实体剧场呈现为大规模的具有代表性的剧场与普通小剧场互为补充的格局，满足了不同观众的需求。在剧目内容上，除了传统的话剧、歌剧，爵士、蓝调等通俗音乐以及音乐剧、舞蹈等形式逐渐出现，丰富了演艺舞台。这些表演形式不仅具有较高的艺术价值和文化内涵，还贴近人们的日常生活和审美需求。

进入全球演艺业3.0时代，原有的演艺产业集群发展带动了周边的餐饮、酒店、零售商业等产业的发展，配套完善的演艺全产业链已经形成。随着科技的不断发展，演出场所已经不再依赖传统实体剧场，流动舞台、实景山水、历史建筑、主题乐园和街头广场都成为演艺活动的可用空间。这些新型演艺空间的出现为观众带来了更加多样化的观赏体验和参与方式。同时，演艺表现形式呈现多种形式复合的特征，声、光、电等现代科技成为演出的重要支持手段。这些先进技术的应用为观众带来了更加震撼的视听效果和情感体验。

总之，从1.0时代到3.0时代，全球演艺业经历了不同的发展阶段和变化。随着社会的发展和变革，演艺业也将不断进行创新和改变以适应人们不断变化的文化消费需求。

就目前而言，从演艺活动的需求端来看，随着社会的发展和物质的丰富，人们对于精神产品的需求逐步升级，传统演艺活动从内容到形式已经不能满足人们的需求；从演艺活动的供给侧来说，技术的进步，尤其是互联网、电子技术及智能装备的发展，使得演艺活动从内容创作、表现形式到观演形式都有了更多的技术支撑和表现方式。现阶段，供需两端正在共同发力引领演艺产业迈向新时代。在这个阶段，全产业链集群进一步发展，聚焦度和专业度进一步提高，演艺产业与旅游、金融等产业充分有机结合；表现形式更加多元，线上舞台与线下舞台相结合，使得观演形式和渠道更加丰富；内容多样，多种风格与内容并存，满足各类消费群体需求；新技术支撑新体验，沉浸式演艺出现，5D 全息投影、VR/AR 等技术使观众有了前所未有的观演感受。

二、各国演艺业发展的宏观视野

全球各个国家的历史传统固然各不相同，但文明的演进有其内在的相通性和一致性。今天我们已经进入全球一体化和全球治理的时代。就文化产业的宏观管理而言，有些东西是全球共同的。比如无论哪个国家的政府，都应该支持艺术家积极承担文化再生产和公民社会使者的角色，又必须考虑通过艺术的产业化运作使消费者有更多的文化消费选择，这是所有政府都要承担的责任。这种责任在全球都是一样的。但是，各国政府采取什么样的具体政策和文化管理模式又取决于本国的政治、文化、历史条件，或至少与这些因素相关，因而各国往往各具特色，并没有一定之规。

通过考察几个典型国家演艺业宏观管理的基本情况和不同特征，验证共同性和特殊性是如何在各国政府的文化制度设计和管理实践中体现出来的。我们希望，这样的考察会有助于读者巩固已有的知识框架，建立较为宽广的国际观察视野。

（一）英国

英国是一个文化大国，无论文学、戏剧、舞蹈、美术还是音乐，都有悠久的历史和骄人的成就。虽然第二次世界大战后大英帝国已经失去往日的荣光，但英国在文化艺术方面的巨大影响仍是举世公认的。当代英国人对艺术的欣赏、对艺术活动的参与均表现出很高的热情。

英国独具特色的“一臂之距”管理模式形成于20世纪40年代。在此之前，英国并无完整的国家宏观文化管理体系。1939年，经英国议会批准和皇家特许，英国建立了两个半官方的文化管理机构：英国音乐艺术促进委员会和国家娱乐服务联合会。1945年6月12日议会宣布，将英国音乐艺术促进委员会转变为大不列颠文化理事会，成为实施政府文化政策的重要机构。

在20世纪，英国的文化政策逐渐形成了以“一臂之距”为原则的宏观管理体制。这一原则最初指的是在军队中，相邻的士兵之间保持一臂之距以避免冲突和混乱。后来，这个概念被引入文化领域，指政府不直接干预文化机构或艺术家的创作和文化活动，而是通过中介机构或非政府公共文化机构来管理和支持文化事业。简单来说就是，政府不要直接去管理成百上千个文化艺术机构或企业，而是在政府和艺术机构（企业）之间设立一级中介机构。这类机构一方面负责向政府提供文化政策建议和咨询，另一方面又接受政府委托负责对被资助文化项目进行财政拨款，并对拨款使用效果进行监督评估。

此类机构在英国大多称为“文化理事会”，性质是准自治非政府的文化组织。说它是“非政府”的，乃因其成员并非由政府官员构成，而是由各文化艺术领域的专家组成；说它是“准自治”的，又因为这些专家要由政府任命，任职后获得独立的法律地位。这些机构的运行也由政府财政拨款支持。

建立这样的中介机构的作用在于两点。首先，它有利于艺术独立地发挥公民社会职能；同时也保护政府，使它自觉地自我约束，而不致受到“干预艺术自由”的指责。其次，专家拍板，具有足够的权威性。在“一臂之距”管理体制下，哪些艺术团体是优秀的，哪些艺术品种、艺术产品是需要支持的，并不是政府说了算，而是文化理事会的专家们说了算。因为只有他们才是艺术的内行，才真懂艺术，他们的决定拥有更多的科学性和足够的专业权威性。恰恰是借助专家们的工作，政府实现了对表演艺术行业合理的宏观治理。

在“一臂之距”原则的指导下，英国逐渐形成了三级文化管理体制：一是政府，包括中央政府和地方政府及所属文化行政管理部门；二是与各级政府对应、作为准自治非政府公共组织的文化理事会；三是基层文化机构，它们作为行业性的文化联合组织，担负着落实国家文化政策，具体分配、使用文化经费的职能。

在这种管理体制下，没有哪个艺术团体直接隶属于政府的行政机构，包括那些“国家级”的大型文艺团体，比如英国皇家歌剧院。事实上，英国许多赫赫有名的大型文化单位，像大英博物馆、英国国家美术馆等都是独立运营的。它们都通过文化理事会接受政府的财政资助，但并不因此而成为政府行政机构的附属物。

由于行之有效，“一臂之距”的文化管理原则在一些英联邦国家得到推广。比如，加拿大 1957 年建立了国家文化理事会；澳大利亚于 1968 年建立了文化理事会体制。20 世纪 80 年代以来，文化理事会这类组织在英联邦以外的国家也开始出现。国际艺术理事会和文化机构联盟的一份文件指出：“目前在世界各地，无论穷国还是富国，也不论英语国家还是非英语国家，都普遍建立了对文化艺术进行资助的准政府国家机构。”这项制度还得到了联合国教科文组织的大力支持。迄今为止，相关的国际会议已经召开过多次，相关国际组织也发展了起来。

综上所述，英国是全球著名的戏剧和音乐剧表演中心之一，拥有许多著名的剧院和音乐厅。英国政府在演艺业的宏观管理中，非常重视“一臂之距”原则的体现。这一原则保障了艺术自由和创作独立，为英国的演艺产业提供了广阔的发展空间。

（二）法国

与英国相比，法国文化产业管理最大的不同是政府承担了更重要的角色。法国既是一个现代民主制国家，又继承了历史上中央集权的某些传统。法国国家权力的主要代表是总统和代议机构（国民议会与参议院）。法国总统任命总理，而总理则负责组建政府。在政府内部，文化部部长参与确定国家有关文化方面的方针政策，并负责有关事务的实施。

法国的重点文化设施以及能够代表国家水平的艺术表演团体都直属文化部领导。这些机构的主要行政负责人由国家任命，所需经费全部或大部分由政府划拨，理事会成员由政府成员担任，重要决定须报文化部批准。类似这样的国家重点文化设施和艺术表演团体包括卢浮宫博物馆、凡尔赛宫博物馆、法国国家图书馆、乔治·蓬皮杜国家艺术文化中心、巴黎国家歌剧院、法兰西喜剧院、法国国家舞蹈中心、音乐城等。

法国人自己也承认，这种对重点文化设施和艺术表演团体的管理模式，在某种程度上继承了帝制时代皇室庇护的传统。那么，政府在文化管理中充当如此重要的角色，是否会对艺术自由造成威胁？针对这个问题，法国是通过不断重申艺术的创造原则、差异原则和官方不干涉原则来加以平衡的。毕竟，法国人除了皇室庇护传统，还有 1789 年法国大革命的传统，以及《人权宣言》的传统。给艺术自由以广阔的天地，鼓励艺术发挥积极的社会职能，不但是法国人追求的目标，而且也体现在法国官方的政策文件中。

在文化领域的政府“干预”当然是存在的。而且，这种“干预”力争包含所有的文化艺术类型和形式，而不仅仅是对“高雅艺术”。但它否定以干预的方式推广“官方”文化和“高雅品位”，并且避免检查和控制。在很多场合，政府“干预”的目的在于弥补市场经济功能的缺陷，比如由市场化导致的文化生产的集中化、文化产品的标准化以及由短视引起的文化种类的消失等。在文化目标制定、预算使用、遗产保护及专家聘用的决策等方面，法国政府通常会听取政府智囊团的建议，智囊团包括在某项领域获得认可的独立专家。

法国人在他们的官方文化政策文本中强调，尽管政府充当了非常重要的文化管理角色，但国家在文化行为上并不处于垄断地位。在很大程度上，地方政府也是如此。公共部门连同私人一起，在支持法国文化方面都发挥了重要作用。大部分国家主持的文化活动是由个人组织的。

地理、经济和社会环境的不同往往造成公众参与文化生活机会的不等。这个问题在许多国家都存在。法国也同样存在这个问题。

据此，法国政府的文化政策正在进行调整，以促进地方文化的发展，扩大文化参与的范围和数量，并使文化保持多样化和差异性。

法国是全球最著名的艺术圣地之一，也是世界著名的时尚之都。法国政府在演艺业的宏观管理中，扮演了强有力的角色。政府通过资金支持、政策引导等措施支持文化企业的发展和创新。同时，法国政府也非常重视艺术自由和创意产业的繁荣，鼓励艺术家和艺术机构进行创新和实验性的艺术创作。

（三）德国

与英法两国的单一制政体不同，德国是一个联邦制国家。这种联邦制的形成和德国的历史有关。在过去几个世纪内，德意志联邦共和国由许多独立的封建邦国和城市共和国构成，它们各有自己的文化政策并建立了许多文化机构。1871 年建立的统一的德意志帝国也没有使它们失去各自的文化特色。在魏玛共和国（1919—1933）新宪法施行的时期，公众对艺术文化的责任感和支持被分解到共和政府、州政府（各邦国政府）和自治区行政委员会等各级行政机构之中。

从形式上看，联邦政府、州政府、市政当局（自治区）三者一起构成现代德国公共文化政策的实施系统。但德国文化管理的重心并不在联邦政府而是在州政府。联邦德国的16个州各自拥有自己的"文化主权"。

德国文化政策就是这样被联邦化地组织起来，因而是非中央集权化的。这种体制保证了文化多样性的继承，有力地促进了各州和州以内各地区富有自身特色的文化事业的发展。德国也拥有大量的非政府中间组织，它们在国家机构与文化演出机构之间构成广阔网络，补充着公共部门的活动，并且成为公民社会里富有变动性和进展性的文化生活的一个不可或缺的方面。发起人和传播工具的多元化是文化系统的一个结构性要素，这个系统按照管理德国文化部门的宪法和法律建立起来。同样地，多种形式的营利性文化活动也成为国家文化生活的一个重要方面。

对艺术自由的强调同样是德国文化政策的重要内容。作为一种建立在赞成艺术独立性判断基础上的客观性价值，它被理解为国家（政府）有责任积极地鼓励、资助和支持这种艺术自由。

还应该注意的一点是，在德国人看来，艺术自由不仅意味着艺术创造免于政府的行政干预，而且构成艺术自治同文化事业机构和组织自我管理权的基础。

像欧洲其他国家一样，在德国公私部门之间形成了战略伙伴关系以投资文化机构，支持文化事业的发展。事实上，德国的文化融资依靠几大支柱性因素。首先，资助文化事业或在公共领域投资被认为是市民及其地方性共同体的责任。只有当文化政策任务的范围越过了共同体（社区）的能力，国家才作为出资者进入。在德国，有许多不同形式的文化工作和文化计划由公共和私人广播电视机构、商业性机构、各种社会团体（教会、工会、协会）、公民组织与首创性机构、俱乐部及私人机构等资助。

德国人认为，在一个“文化国家”里，正是规定政府角色的原则（与艺术自治相匹配的国家支持、鼓励全社会参与并支持文化事业的政策手段），共同促成了今日德国演艺业和文化产业的繁荣。

德国的演艺业在联邦体制下繁荣发展。政府在演艺业的宏观管理中，通过制定文化政策来支持艺术创作和文化活动。在德国的文化政策中，立法权限是一个重要的方面。政府通过立法来保障文化多样性和文化遗产保护，同时鼓励文化创新和艺术自由。

（四）美国

观察美国的艺术生产，有两点必须注意。首先，美国是一个文化资源小国（只有 200 多年的建国历史），却又是一个文化产业大国，美国的艺术生产能力和生产数量全世界无可匹敌。其次，美国虽然是一个文化产业大国，但并没有专门的政府行政机构分管文化，也没有正式的官方文化政策文件。这一点，美国与英、法、德等国都不同。那么，美国文化的繁荣是靠什么支撑的呢？一是靠它的法治传统，二是靠它的产业化运作。

文化立法先行是美国文化生活的重要特色，它是美国社会法治传统的一部分。一般来说，美国并没有单独的文艺法规，它的各种实用文化法规通常以相关文化条款的形式存在于各类通用法律中。

根据《美国联邦税收法典》的有关规定，美国所有的文化艺术团体均可根据自己的建团宗旨自愿选择登记为营利性机构或非营利性机构。若登记为营利性机构，则与一般企业和商业性公司一样，必须照章纳税，但盈余可自由支配。若登记为非营利性机构，则可享受各种优惠待遇，包括免缴营业税，享受政府资助，享受公司、个人的捐助，享受邮件、广告、购物等的廉价优惠等。《美国联邦税收法典》还规定，凡赞助非营利性文化艺术机构的公司企业和个人，其赞助款额可从其收入中扣除，免缴所得税。

美国对非营利性艺术机构的界定标准是：第一，为社会公益事业服务；第二，盈利不分红。在美国，无论非营利性艺术团体还是营利性艺术团体，都要遵循产业化的管理和运作原则。

美国演出市场的运作涉及三个不同方面：一是演出经理公司，二是表演团体（或个人），三是剧场或演出协会。演出经理公司是美国演出市场的重要枢纽，它通常代表演出团体或艺术家个人与剧场打交道，并在一定程度上代表艺术家们的利益。演出经理公司要对演出的场次、场地、方式做出精心设计，向承办演出活动的各地剧场及演出协会推荐艺术表演团体或个人，并商签演出合同。剧场则负责承办演出的宣传广告、售票及剧场的相关安排。

总之，在演艺业的宏观管理意义上，美国联邦政府似乎更钟情于“无为而治”的原则。它更多的是通过法律法规和政策杠杆来鼓励州政府、各企业集团以及全社会对文化艺术进行支持。尊重艺术自由和实行产业化运作是美国文化产业长盛不衰的两个根本原因。美国也正是由于宽松的文化环境，在过去的几十年从全世界吸引了大批艺术人才。来自全球各地的艺术家对美国文化艺术的发展做出了巨大贡献。

（五）巴西

巴西是南美洲最大的发展中国家，早在 1889 年就曾建立过共和政体，20 世纪又经历过数度专制主义的独裁当政时期。从 1985 年开始，巴西的政治制度得到恢复并有了进一步的发展。考察巴西的文化政策，我们必须知道这个基本的制度背景。

从文化历史角度来看，巴西是一个多种文化融合的国家。在 16 世纪葡萄牙人来到南美大陆之前，巴西这块土地上的主人是印第安人。后来，随着欧洲殖民者和大量被贩卖的非洲黑奴的进入，巴西的文化构成发生了重大变化。

事实上，今天的巴西政府正是把树立和巩固新的民族文化本体、发展多样性文化作为国家文化政策的基本出发点。

巴西政府的主张是重视各种文化的相互补充，摒弃排外主义，强调对各种文化传统及其当代表现一视同仁，不允许某一种文化以损害另一种文化为代价而获得特殊地位。总之，兼容并蓄是这个政策的特点。巴西人相信，在这个政策指导下形成的巴西文化，将既不是欧洲文化的移植和简单延续，也不是非洲文化和印第安文化的再版，而是一种新型的多民族、多样性文化。

为了达成这样一个目标，巴西政府在宏观文化管理上采取了以下做法。

一是重视文化立法，建构合理的制度机制，营造良好的文化环境。针对多民族、文化共存的现实，巴西政府以立法形式规定各种文化的平等地位，鼓励它们共同发展，形成百花齐放的局面。

二是提倡创作自由，繁荣文化生产。原创性是艺术产品的生命，而艺术创作自由是大量优秀的原创性产品产生的源泉。经历过专制主义弊害的现代巴西人深知这个道理。巴西政府的文化法令与政策贯彻了这样一种思想：国家提倡和保障创作自由，任何政府组织和个人不得以任何借口干预作者的创作活动。

三是通过基金会实施对文化艺术发展的支持。这有些类似于英国政府对自身角色的界定。巴西政府也强调自己的职责不是领导、包办文化事业，而是帮助、协调文化事业的发展。为了避开政治干预艺术的嫌疑，巴西文化部门一般不直接组织、安排文化活动，而是通过各种各样的基金会组织落实政府的文化政策，促进艺术的发展。

四是制订赞助计划，实现全民文化事业的整体推进。近年来，巴西文化部门为各种艺术形式的发展制订了相应的赞助计划，通过各级行政机构和基金会的配合落实这些计划，如“全国艺术舞台计划”“开放舞台计划”“马戏、音乐和图书计划”等，旨在推动巴西全民文化事业的发展。在此类活动中，虽然都有基金会作为中介，但政府的主导倾向仍然很明显。对一个发展中大国来说，这种情况是很难避免的，甚至是必要的。在巴西，文化的产业化运作还相对薄弱。

巴西是一个具有民主政治框架的国家，在文化领域中倡导文化多样性和文化遗产保护。巴西政府在演艺业的宏观管理中，通过资金支持、政策引导等措施鼓励文化产业的发展和创新，并推动传统文化的传承和发展。

总之，从国际视野来看，不同国家的演艺业宏观管理呈现出各自独特的特点和发展路径。这些特点和发展路径受到各国文化传统、经济社会发展水平和政府政策等因素的影响。

第二节　中国演艺业的发展

基于当今世界的一系列情势之变，我国提出“构建国内大循环为主体，国内国际双循环相互促进的新发展格局”。对于中国演艺业来说，国内大市场积蓄着强大的发展能量，能够满足国内不断升级的多层次演艺需求，提升中国演艺业的国际竞争力，建立立足国内、联通世界、走向世界的发展格局，使中国演艺业在全球演艺发展中形成先发优势。围绕演艺活动运用产业扶持、资本注入、市场环境打造等多种手段，持续激发创作、策划、经纪、票务等产业各主体的活力，加强产业融合，重构产业链条，不断吸引娱乐、数字文化、旅游、装备制造、动漫、网络等业态与演艺产业深度融合发展，为演艺产业提供创新动力。聚集演艺资源，建设都市演艺小镇等演艺聚合区，打造区域发展的演艺生态，形成代表中国演艺水平、比肩百老汇和伦敦西区的演艺新高地，对接世界、引领中国演艺业发展。

在中国演艺业的发展中，顶层设计、上位指引一直不足。通过汇集政府、百姓、业界及相关各方智慧，在文化与旅游整合发展的大格局中，对“十四五”时期中国演艺业发展进行全盘谋划，做好中国演艺业发展的顶层设计，全面谋划中国演艺业发展，是中国演艺业发展的关键。应明确发展目标路径，整合相关资源，完善保障措施，确定引领型产业、支撑型产业、培育型产业、机会型产业、配套产业和衍生产业等不同层级的发展重点，全盘谋划、总体引领，从而快速提升中国演艺业在国际上的竞争力。

一、中国演艺业的发展历程

早在计划经济时期，我国的演艺业已有所发展，但由于这一时期演艺工作完全是由政府包办，缺乏市场化和产业化的运作体系，所以并没有出现真正意义上的演艺产业。改革开放以来，随着市场机制的建立和群众演艺消费需求的不断增长，演艺的产业化进程逐步加快，不论是内容呈现还是观影方式都在不断创新求变。从我国文化体制改革、演艺市场开放情况等方面综合考虑，我国演艺产业的发展可被划分为五个时期。

（一）形成期（1949—1977 年）

这一时期，中国文化事业方面的管理体制是在公有制和社会主义计划经济这个大框架内形成的。中国的演艺业经历了从旧体制向新体制的转变，也经历了停滞和复苏的过程。这个时期的演艺产品和表演艺术形式大多反映了人民的生活和情感，以及国家的发展和变革。

1949 年，中华人民共和国的成立标志着中国演艺业进入一个新时代。政府开始对旧的文艺体制进行改革，推动文艺“为人民服务”的方向。20 世纪 50 年代初，新中国的文艺政策逐渐明朗，强调“百花齐放，百家争鸣”的方针。这为中国演艺业带来了新的生机和活力，许多新产品和新的表演形式应运而生。20 世纪 50 年代末，中国进入社会主义建设时期，这个时期的文艺工作开始注重反映人民的生活和情感，许多著名的电影、戏剧、音乐和舞蹈产品问世，如《白毛女》《小二黑结婚》等。1966 年，中国进入了“文化大革命”时期，这个时期对文艺界产生了很大的影响，许多表演艺术活动也陷入了停滞。20 世纪 70 年代初，中国演艺业开始逐渐复苏。这个时期出现了一些新的电影、戏剧和音乐产品，如《红灯记》《沙家浜》等。

（二）萌芽期（1978—1984 年）

1978—1984 年是我国演艺产业的萌芽期。随着国民经济逐渐恢复与发展，社会公众的文化消费需求随之被激发。在此背景下，中国演艺业获得了一定程度的发展，表演艺术走出样板文化的阴影，娱乐业开始起步。1978 年，北京舞蹈学校改为北京舞蹈学院，并开设了中国古典舞身韵课，成为中国古典舞发展的里程碑。此后，一批中国古典舞优秀产品纷纷涌现，走进大众视野，如《木兰归》《新婚别》《黄河》《长城》《江河水》等。1982 年，文化部印发了《关于民间艺人管理工作的若干试行规定》，指出民间艺人是我国社会主义文艺队伍的组成部分，要求各地加快制定民间艺人管理规定，鼓励民间艺人从事个体性营业演出。1983 年《全国剧场管理工作试行条例》出台，提出剧场即各类艺术表演团体演出的场所在经济管理上可以参照企业管理的方法，实行单独核算，以提高经营管理水平。总的来看，这一时期国家开始陆续出台一些政策指导我国经营性演出活动，由此推动了我国演艺产业的萌芽。

（三）探索期（1985—1991 年）

随着改革开放的全面展开，20 世纪 80—90 年代我国演艺产业进入探索期。1985 年是我国演艺产业发展的一个重要时间节点，这一年国家统计局发布了《关于建立第三产业统计的报告》，文化艺术被列入其中，表明文化艺术的产业性质开始得到政府的认可，同时也凸显了文化艺术在国民生产中的分量。同年，文化部印发了《关于艺术表演团体的改革意见》，拉开了我国艺术表演团体改革的序幕。1988 年，为加快推进演艺团体体制改革工作，国务院批转《文化部关于加快和深化艺术表演团体体制改革的意见》，指出长期以来国家对艺术表演团体统包统管的体制已与当前的发展不相适应，提出要逐步实行“双轨制”改革办法，即部分表演团体实行全民所有制，由政府文化主管部门主办；而大多数艺术表演团体实行多种所有制形式，由社会主办。此后，我国文化部门开始积极探索改革道路，文化工作者的生存意识、商品意识、竞争意识等显著增强，公众的文化消费也逐步朝着娱乐性、多样化、可参与等方向发展。

（四）成长期（1992—2002 年）

1992—2002 年是我国演艺产业的成长期。1992 年，随着社会主义市场经济体制改革目标的确立，我国文化体制改革的步伐明显加快，由此带动了演艺产业的大发展，出现了诸多民营的艺术团体、演出公司等。与此同时，国家先后颁布了《演出市场个人收入调节税征收管理办法》《关于文化部演出管理职责划分的通知》《文化部涉外文化艺术表演及展览管理规定》等文件，对演出活动进行全方位的规范管理，推动了演艺产业的正规化、规模化发展。总的来看，这一时期国家对演出市场的管控依旧比较严格，但文化体制改革和艺术表演团体改革工作的开展，在一定程度上放宽了对演出市场的限制，进一步推动了我国演艺产业的发展。

（五）扩张期（2003—2013 年）

2003—2013 年是我国演艺产业的扩张期。2003 年 6 月，国有艺术表演团体体制改革工作有序展开。2004 年，国家统计局发布了《文化及相关产业分类》，演艺产业被列入文化艺术服务类，出现在文化产业核心要素层中。2005 年，文化部、财政部、人事部、国家税务总局等四部委联合印发了《关于鼓励发展民营文艺表演团体的意见》，提出要按照“平等准入、公平待遇”的原则，多措并举支持民营文艺表演团体的发展。2009 年 7 月，我国第一部文化产业专项规划《文化产业振兴规划》出台，演艺娱乐产业被列为重点发展的文化产业类别。同年，文化部印发了《关于深化国有文艺演出院团体制改革的若干意见》，指出要加快国有文艺演出院团的转企改制步伐，实行事业单位企业化管理，培育新型市场主体。此后国有文艺演出院团转企改制工作全面推开，到 2010 年年底已有 343 家国有文艺演出院团完成或正在进行转企改制，并通过资源整合、兼并重组等方式组建了 46 家演艺集团。2013 年，国有文艺演出院团转企改制基本完成，以企业为主体、事业为补充的新型演艺体制格局基本建立。总的来看，这一时期我国演艺产业发展环境不断优化，市场要素和主体不断激活，大量社会资本不断涌入演艺产业，众多民营艺术团体、演出公司相继涌现，有力地推动了我国演艺产业走向深度发展阶段。

（六）纵深期（2014 年至今）

2014 年至今是我国演艺产业的纵深期。自 2014 年以来，以文化为内容、以旅游为形式的旅游演艺得到快速发展，由此带动我国演艺产业迈入提质增效阶段。众多文旅企业集团开始把旅游演艺作为主业，通过与主题公园、旅游小镇等融合发展，逐渐向上下游领域延伸，向食、住、行、游、购、娱和会展等业务链拓展，如宋城集团、华侨城集团、华夏文旅集团等。与此同时，演艺产业其余细分市场潜力不断释放，相声“出圈”，演唱会、音乐节和 LiveHouse（音乐展演空间）供不应求，话剧、舞剧等创新剧目不断涌现，并在年轻人中掀起了一番热潮。随着演出市场的蓬勃发展，演艺产业内部也涌现出许多新趋势、新业态，“云演艺”伴随数字化的发展应运而生。

二、中国演艺业的发展特点

表演艺术是一个国家或地区文化创意的重要来源，以表演艺术为核心的演艺产业是文化创意产业的重要组成部分。近年来，从政府到市场，都越发重视演艺在当代社会政治、文化以及经济发展中的作用。目前中国演艺业的发展特点有以下几个方面。

（一）产业规模持续扩大

随着政策支持和市场需求的推动，中国演艺业的规模持续扩大，票房收入和商业赞助成为演艺产业的主要收入来源，同时，衍生品收益和版权收益等辅助性收入的地位也逐渐提升。中国演艺业在近年来也吸引了大量的投资，其中包括腾讯、阿里巴巴等互联网巨头。这些企业在演艺产业的投资不仅扩大了产业的规模，还带来了新的运作模式和商业模式，进一步推动了演艺产业的快速发展。中国各地也纷纷举办各种大型文化活动和艺术节，如上海国际艺术节、中国西部文化产业博览会等。这些活动的举办不仅丰富了人民群众的文化生活，也促进了演艺产业的发展，进一步扩大了演艺产业的规模。

中国大型演艺节目《印象·刘三姐》在国内外成功演出，获得了广泛赞誉和良好的商业回报。该节目以桂林山水为舞台背景，通过创新编排和表现形式，展示了中国民间故事和传统文化，成为中国大型实景演出的代表产品之一。《长恨歌》是中国大型实景演出《印象·刘三姐》的姊妹篇，以中国唐代诗人白居易的同名诗作为创作背景。该剧在全国范围内进行了长时间的巡演，以其精美的舞台效果和深入人心的故事得到了观众的广泛好评，进一步扩大了中国演艺业的规模。

（二）多元共存的市场格局

中国演艺市场呈现各种所有制形式和各类文艺表演形式多元共存的市场格局。以公有制为主体、多种所有制共同发展的文化产业格局正在形成。北京开心麻花娱乐文化传媒股份有限公司在话剧、舞台剧、音乐剧等多个领域都有涉猎，该公司以多元化的文艺表演形式和制作精良的产品赢得了广大观众的喜爱。

此外，中国演艺业也在不断进行着各种形式的跨界合作，如文化产业与其他产业的融合发展、文化与科技的结合等。这些跨界合作不仅带来了新的发展机遇，也促进了不同行业之间的资源共享和协同发展。在演艺产业的发展过程中，一些有实力和影响力的演艺机构和企业也在不断探索新的商业模式和运作模式，如“制作 + 播出 + 营销”一体化运作、线上线下互动等，这些创新模式的发展也进一步丰富了演艺市场的多元性。

（三）地区特色和地段特征明显

中国演艺业的发展与地区特色和地段特征密切相关。一些具有历史文化底蕴和自然资源的地区往往能吸引更多的文化企业和表演团体，从而促进演艺产业的发展。

《丽江千古情》是丽江地区具有代表性的大型歌舞剧，以丽江的历史、文化、民俗等为素材，通过精彩的演艺形式展现了丽江的独特魅力。该节目在丽江旅游市场得到了广泛认可和好评。《美丽西江》（晚会）是贵州省黔东南苗族侗族自治州歌舞团打造的民族文化品牌，以当地苗族、侗族等少数民族文化为素材，结合现代科技手段进行创作和呈现。该节目在当地旅游市场获得了广泛好评和认可，不仅展示了当地少数民族文化的魅力，也成为推动地区经济发展的重要力量。在四川省甘孜藏族自治州稻城亚丁景区，《亚丁密码》大型实景演出也备受欢迎。该节目以当地藏族文化为素材，通过实景演出和歌舞表演等形式展示了稻城亚丁美丽的自然风光和神秘感，也进一步提高了稻城亚丁作为旅游景区的知名度和美誉度。

中国各地的民间艺术表演也是地区特色和地段特征明显的体现。例如湖南的“湖南非遗进万家”活动、安徽的徽剧进校园活动等。这些民间艺术表演不仅展示了中国各地区的文化多样性，也为当地的非物质文化遗产保护和传承提供了重要的支持。

（四）技术创新推动产业发展

近年来，中国演艺业在技术创新方面取得了长足的进步。数字化、智能化等技术的应用，为演艺产业的创作、生产、传播和消费带来了巨大的变革，推动了演艺产业的升级和发展。中国国家大剧院的建立和发展是中国演艺业技术创新的重要里程碑。国家大剧院采用了世界先进的音响、灯光等设备和技术，同时还建立了数字化舞台和虚拟演播室等先进的技术设施，使中国演艺业得以与国际接轨。

（五）与国际市场逐渐接轨

中国演艺业正在加快与国际市场接轨的步伐。国内演艺企业和团体开始积极拓展海外市场，参与国际竞争。同时，也有越来越多的国际演艺企业和团体来中国开展商业演出和艺术交流活动。中国大型音乐剧《猫》在海外演出获得成功。该剧由中国音乐人主导创作，海外演员参演，实现了国际化的制作和运营模式。同时，《猫》在海外市场的成功也推动了国内演艺产业的国际化发展。

三、中国演艺业的发展前景

当今世界正在发生一系列变化，来自政治、经济、自然等各个方面的改变深刻影响着社会发展和人民生活，特别是2020年全球范围的新冠疫情，在很大程度上冲击了各国的经济发展和社会生活。如今全球演艺业步入新时期，面临一系列新挑战和新困难，寻找空间与机会、谋划生存与发展是当前全球演艺业共同面对的问题。

（一）4.0时代演艺产业发展趋势

第一，演艺产业化，产业价值链延伸。全球演艺业在做强自身的同时，与旅游、零售、教育等多个产业融合，其价值链不断延伸。在演艺与旅游进一步融合的背景下，主题乐园、实景演出、音乐节、戏剧节等各种演艺形式活跃呈现，与城市的文化、建筑、饮食等旅游要素有机结合，成为具有独特吸引力的文化旅游城市发展的突破口。另外，演艺与零售业相结合，催生演艺衍生品，使演艺产业通过内容打造形成具有商业吸引力的品牌及IP，刺激新产品、新内容的呈现并将其转化为可消费的实体内容，在丰富演艺产业价值链的同时，也延长了演艺感受的时间，扩大了演艺感受的空间，扩大了市场。与此同时，演艺产业的发展对于专业性演艺人才的需求促进了演艺教育的发展。演艺产业同时也发挥着教育作用，尤其是对青少年。各种演艺形式，特别是戏剧，因其内生的“体验感”成为青少年教育的有效载体。

第二，演艺资本化，多元化融资渠道形成。近年来，演艺产业在全球繁荣发展，逐步实现了多元融资渠道，资本的注入为演艺产业的繁荣发展提供了支持和保证，同时资本获得的丰厚回报使这一投资循环形成了良性互动。从渠道上看，银行贷款、直接投资、股权 / 债权融资、基金投资、产业基金、政府直接投资、风险投资 / 私募基金、上市融资等多种融资渠道均已被打通；从主体上看，银行、企业、机构投资者、个人投资者、政府等各类主体都参与了演艺产业投资活动；从产品上看，各类金融衍生品、保险产品的介入为演艺投资提供了风险缓释的方式。

第三，演艺普及化，丰富了大众文化生活。世界各地的街头演艺活动已经成为地方性的文化特色之一；戏剧社、合唱团等演艺社团通过爱好者、参与者的活动完成了演艺的全过程展现；以毕业晚会、企业年会、机构庆典演出等为代表的演艺活动成为大众广泛参与、深受喜爱的大众演艺形式；而以巴西狂欢节、草莓音乐节为代表的各类演艺节事活动更是带动了成千上万人的同舞共唱。

第四，演艺数字化，全面创新了演艺体验。科技创新与互联网正在颠覆传统演艺产业格局，为演艺产业向数字化发展提供了支持。一方面，原有的演出机构纷纷加速进军线上媒体，如英国国家剧院从 2009 年起就开始打造高清戏剧电影，舞台与银幕的数字化结合已经成为趋势；另一方面，互联网技术的发展使得创作、演出内容制造、自媒体演艺形式创新等一系列全新的内容与形式开始出现，并对原有的传统模式形成了冲击。新冠疫情的出现加快了演艺从线下走向线上的步伐，各演出实体纷纷开启了线上舞台。

（二）演艺产业发展的机会与挑战

基于环境条件、技术进步、经济运行方式的变化，原有演艺产业价值链中的一些环节正在经历着颠覆式的改变。面对危机与挑战，一些主体将被淘汰，同时面对新的机会与空间，一些新主体将开始发展。或者主动应变，或者被动重生，当前的挑战与机会特别值得关注。

从机会来说，演艺产业与生活服务业各个业态的融合发展，使其有了更广阔的发展空间，产业结合下的动力组合倍增了发展的能量。

1. 发展格局变化促动演艺资源流动

从全球范围来看，受多种因素的影响，演艺产业发展格局将出现变化，地区性的发展不均衡将在今后一定时间内存在。演艺活动作为根植于社会经济生活之上的文化活动，其发展需要依托社会的稳定发展和相关产业的支撑。按照市场规律，演艺资源会向发展速度快、发展条件好的地区流动，中国等区域将是资源流入的主要目的地。从机会来说，中国的演艺发展将获得更多的资源支撑，同时也将获得更先进的创作、运营、装备方面的经验，这将有助于中国演艺业的发展。从挑战来说，中国演艺业的各类主体将面临更强劲的竞争，学习、追赶、合作、共舞，是未来发展必须经历的过程。

2. 观演需求升级促动内容形式创新

随着文化产业的发展，人们满足精神需求已有了更多选择，网络、手机等电子设备的普及在很大程度上改变了人们获得文化娱乐享受的方式，社会行为、社会心理正在发生深刻变化，快节奏的生活使得“文化快餐”受到青睐。与电子设备普及、快餐式文化产品需求增加相适应的内容产品需求量日益增长。从最初的舞台，到影视、实景、直播，再到沉浸体验，在短短几十年内，人们不断享受着演艺表现形式创新带来的新奇，并对演艺充满着更多的期待。从机会来说，新的需求将带来新的更大的市场空间，拉动从创作、制作到演出、经纪等整个产业链的发展，同时也会不断催生新的业态，吸引新的资源。从挑战来说，原有的演艺市场将被挤压，特别是新冠疫情带来的演出限制使得一些演艺相关企业、机构、组织的生存受到威胁，网络传播带来的运营模式变化改变了原来产业链的利益分配格局，使得部分环节被裁掉，新的消费习惯的形成也将给演艺市场带来较大的影响。

3. 科学技术进步带来转型升级新契机

声、光、电等技术的突飞猛进，使演艺产品有了更多更酷炫的表现形式，VR、AR 技术的应用，5G+8K 等网络技术、传播形式的不断升级使得演艺产品有了更多的受众和更广阔的展示空间，而自媒体的发展则迅速且大幅度地增加了演艺内容的供给。从机会来说，技术的进步使得演艺产品表现形式受到的约束都在技术的支撑下被一一破解，线上演出渐成气候，成为产业新增长点，更多的市场需求和资源供给以网络为平台向演艺产业聚集。从挑战来说，网上观演等消费行为将对原有的演艺产业利益链条形成冲击，同时先进的技术也将替代原有的演艺活动，如虚拟技术在一些场合可以替代真实的表演。

4. 跨界融合发展形成演艺新动能

演艺产业正在与各个产业相伴发展，从机会来说，无论“演艺 +”还是“+ 演艺”，在融合发展的大背景下，产业的结合与碰撞都展现出了新的活力。旅游和演艺结合下的实景演出、教育和演艺融合下的文化展演、演艺和科技共生的全新呈现等，都展现出了强劲的发展动力。

从挑战来说，在融合发展中提升文化艺术品质将面临更高要求。

首先是演艺市场体系尚待完善，例如很多规章制度还在逐步完善，虽然是新形式，但仍要服从监督和规则，因此，对于演艺人员和经纪人的管控需要更加完善和精细化。

其次是市场潜力没有充分发掘，正是因为规范化的问题、资源流向问题，使得很多有能力的演艺工作者没有得到合理的资源，没能发挥出自己的潜力。

再次是演出行业机构的作用仍需强化，机构的规范化是非常重要的，在行业发展初期，也许很多模式都比较粗犷，但是随着行业逐步发展需要更加合理的运营模式。

然后是版权保护制度亟须完善，以减少内容创作者和演艺人员的纠纷。同样地，票务系统也需要更加完善，不能涉及虚假宣传等。

最后是演艺经营人才缺乏。在这个快节奏的时代，一个行业要发展，不能只追求快，而是要沉淀下来，培养行业所需的专业人才。

第三章　演出活动中的舞台管理

舞台管理的工作是负责舞台演出的舞美制作、演员排练和演出期间的联系、安排和协调，解决演出制作过程中诸多部门出现的无人负责等问题，处理演出运营过程中出现在舞台上的突发事件等。制作期间，舞台管理部门要督促各部门的工作进度，确保各项工作按计划完成。舞台管理者要让所有专业人员能够专心从事自己的工作，把演出制作过程中的所有事务性工作都安排妥当，在演出期间把舞台上的工作处理好，这样会有利于各项工作顺畅进行，有助于提高演出的艺术质量。

舞台演出的一个特点是综合性，各创作和制作部门都在分头完成自己的工作，舞台管理部门要把这些部门的工作联系起来，使之成为一个有机整体。舞台管理者会将导演和设计师等创作人员从一些事务性和技术性工作中解放出来，使他们更专注于自己的创作；同时使各部门之间的工作得到更好的配合，为制作人员全身心投入自己的工作中营造一个融洽的氛围。舞台管理者在演出制作过程中会有计划、有步骤地组织人力和物力，落实和解决各项工作，让所有人员职责清晰，任务明确，使其在完成好自己工作的基础上相互协作，以保证演出的各项制作工作得以顺利实施。

第一节　舞台管理的类型

由于表演艺术团体和剧场的关系不同，有的是团场合一制，有的是团场分离制，所以舞台管理大体上可以分为两种类型：剧目舞台管理和剧场舞台管理。这种区分是以演出活动经营形式的不同作为依据的。

一、剧目舞台管理

剧目舞台管理常见于剧团或制作排演剧目的公司（producing house）。通常这些剧团或公司自己制作剧目：使用自己公司的演职人员或外请主创（作曲、编剧、导演、设计师）完成剧目的排练，并用自己的车间或外包给专业机构进行舞美制作，最终将剧目搬上舞台。剧目舞台管理是剧目制作流程中的后期环节，包括排练前准备、排练厅排练、舞台排练、演出等阶段。剧目舞台管理最重要的特征，就是在演出时管理和指挥各个部门人员，实现应有的舞台效果。

二、剧场舞台管理

剧场舞台管理常见于剧场，特别是没有自己的剧目、只接受外团来演出的剧场（receiving house）。剧场舞台管理主要是指针对剧场舞台场地、硬件设施、工作人员、时间的管理，还包括与外来演出团体的沟通协作等。

由于剧目舞台管理在演出活动中起着更为关键的作用，因此本章下文所提及的舞台管理均指剧目舞台管理。

第二节 舞台监督

艺术的生产需要多个部门协同工作。舞台监督作为舞台管理的核心人物，在艺术的创作与呈现中扮演着重要角色，尤其在导演已成为自由职业者的今天，舞台监督更是对剧院保留剧目的再次上演起到了关键作用。因此，舞台监督这一职务已成为剧院建设中不可缺少的重要组成部分，而从事该专业工作的艺术管理者们也应该以卓有成效的工作确立他们在剧院中的地位。

舞台管理工作的负责人即舞台监督，舞台监督的主要作用就是让剧组的一切工作顺畅进行。但是，如果剧组中的创作人员、演员和舞台工作人员不了解舞台管理的工作内容和性质，那么在工作中就不能够很好地与舞台监督配合，舞台监督也就起不到在剧组中应有的作用。因此，若希望演出制作的工作顺畅，不仅需要舞台监督的专业技能，更需要剧组全体成员懂得舞台演出中各部门的工作职责及工作程序，以及与管理者的合作精神。

一、舞台监督的职能

舞台监督的主要职能是安排和处理剧组内部的事务性工作，并代表剧组协调与各职能部门之间的工作配合。在排练期间，舞台监督要更多地协助导演的工作，协调各部门解决导演遇到的创作问题；在演出期间则负责舞台上的管理工作。舞台监督负责演出制作从筹备到演出所有工作的统筹安排，制订并执行演出制作全过程的工作计划，为前期准备、演员排练、景物制作以及舞台合成和演出的技术性工作制订计划，并组织实施和有效控制，使演出制作得以顺利实施。

(一)舞台监督的具体工作

舞台监督的具体工作有建立管理组；组织试角色；安排排练场；准备排练用品；布置排练场；协助导演制订排练计划；召集并安排演员排练；制作并记录提示本；协助宣传推广部门安排剧组成员接受媒体采访；绘制并填写用于演出制作的各类图表、报告和通知单；组织创作和技术人员勘查演出场地；协助布景设计师制订布景制作的技术方案；主持制作会（如果剧组中没有制作经理）；确定景物制作预算；代表剧组与其他部门负责人进行联系和协调，解决有关演出制作工作的各类问题；监督舞台各部门的工作进度和质量；记录剧组人员的出勤情况，作为给制作人发放津贴时的参考；负责排练和演出期间演员的纪律；负责准备替补演员和临时演员；制订进场、装台方案；安排进场后所有剧组成员的后勤工作；安排各部门进剧场、组织装台、安排布景迁换；配合导演进行技术合成；整理舞台提示；演出期间要负责做提示和通知，指挥舞台上的场景迁换和其他各部门的工作；负责舞台上的防火及安全；负责处理舞台上的紧急情况；演出结束后要组织拆台，安排撤离剧场、安排物品存放；演出资料建档。

(二)舞台监督应具备的能力

舞台演出作为一门综合艺术，涉及的专业较多，分工较细，这就要求舞台监督应具备良好的专业素质和管理技能。舞台监督要热爱演出工作。演出是艺术创作，它不同于其他群体性工作。舞台管理所面对的是艺术家，他们有自己的习惯和个性，对他们来说效率并不是第一位的，他们更注重挖掘自己的内心感受，抒发自己的情感。因此，他们往往没有很强的时间观念或者严守某些规定的意识，作为舞台监督，应该了解自己的工作性质以及合作者的工作特点。

舞台监督必须有清醒的头脑。一方面要保证正常的工作进度，另一方面不能因此扼杀了艺术家的创作灵感。同艺术家和制作人员合作，舞台监督要有相应的专业技能和工作协调能力，同时，他们更要具备合作精神，愿意同导演、设计师、演员以及制作工人合作，并在合作中使大家感到愉快。在日常工作中，舞台监督要能够敏锐地发现问题，并通过深入了解和认真分析做出正确决定。在排练过程中，要排除干扰导演排练的各种因素；在制作过程中，要处理好影响进度和质量的各类问题，使整个演出制作工作顺畅进行，各个环节配合默契。

舞台监督应具备领导才能，要具有指挥和协调助理监督和工作人员的能力。在工作中他们要善于了解下属的心理，调节情绪，激发下属的积极性，并且要以身作则做些具体工作，依靠自身行为去鼓舞团队的士气。

演出工作所涉及的部门广、人员多，舞台监督要具备较强的沟通能力，以便更好地协调各个部门之间的工作。舞台管理的协调工作主要在于处理好人际信息交流。人不同于机器，人与人的交流有很大的弹性，在交流中同时存在着事实与情感两方面的因素，舞台监督要处理好事实与情感的关系，以事实为基础，加强情感交流。若不能正确面对情感因素，极可能会导致抵触情绪在团队中扩散，从而在工作中的各部门人员之间设置人际障碍，影响团队合作。舞台监督就好像剧组的中枢站，良好的沟通能力是舞台监督在工作中应具备的基本素质。

舞台监督应具备实施计划过程中的控制能力。在演出制作的各项工作开始之前都要制订工作计划，但在实施过程中仍有可能出现偏差，在有一些工作出现偏差时需要舞台监督来纠正，如果偏差得不到及时有效的纠正，就会影响工作的正常进行。通常情况下，纠正偏差的主要措施是：调整人员、经费和技术，或者修正原定方案和标准。舞台监督要根据实际情况，针对实际问题，就人员、经费和技术或原方案等方面进行调整，尽可能避免出现较大的问题。

二、舞台监督的成员管理

舞台管理工作需要几个人共同完成，舞台管理部门的负责人是舞台监督，舞台监督要有协助其工作的执行监督和几位助理监督，这就构成了舞台管理组。在剧组里，舞台监督所负责的舞台管理组服从于导演的安排。

在演出制作和运营过程中，管理组的每位成员都在各自的工作范围内发挥自己的作用。根据剧组规模的差异，舞台管理组的人员构成也有所不同，在较大的剧组里，舞台管理组人员构成比较健全，而随着剧组规模的缩小，舞台管理人员也在减少，一些工作职位需要合并。也就是说，舞台管理组的规模是可变的，随着剧组规模的变化而变化。

随着剧组规模的大小变化，舞台管理组也会产生相应的不同组合形式，基本的组合形式可以分为以下四种。

一是舞台监督、技术管理、执行监督和助理监督，这种组合形式职务设置较全面，工作也更为细致，适应于规模较大的演出剧组。

二是舞台监督、技术管理和助理监督，在这种组合形式里，舞台监督和技术管理往往要一起分担制作经理的工作。如果演出中的舞台技术比较复杂，技术管理要着重解决技术问题，助理监督则需要承担执行监督的工作。

三是舞台监督、执行监督和助理监督，在舞台监督的领导下，排练场内的工作由执行监督负责，排练场外的工作由舞台监督负责。

四是舞台监督和助理监督，在很小规模的剧组里可以由舞台监督带领两位助理监督甚至一位助理监督来完成所有的舞台管理工作。

从以上介绍中，我们不难看出，无论哪种组合形式，舞台监督和执行监督的职务总是由一个人承担，而助理监督的职务可以由多人承担。舞台管理组的人员构成要根据演出的具体情况而定，同时，舞台管理组从业人员的业务素质和工作能力也决定了管理组人员构成。剧组的主要负责人对舞台监督应有明确的授权，要明确他的权限和职责范围。同时，舞台监督对其下属的工作也要做出明确的权限规定，若下属具备较好的专业素质，他就无须花很多时间和精力去指导下属的工作。

第三节　舞台管理的流程

舞台演出可以分为演出制作和演出运营两部分。演出制作一般分为两个阶段：策划阶段与制作阶段。制作阶段是从策划完成以后开始的，过程分为筹备、制作与合成三部分。具体来说，舞台管理的流程有如下几个阶段。

一、排练前准备阶段

（一）剧目研究

在一个剧目排练开始前，舞台监督要组织执行监督和助理监督对剧目进行研究。舞台监督所做的剧目研究就是熟悉剧情、音乐，然后将剧目进行场景分解，一部剧目的导演或者助理导演通常会制作场景分解表，将一个剧目按曲目（或场次、段落）顺序列出，写上每一个曲目（或场次段落）参与的演员（有哪些主演，是否有合唱、哑剧等群众演员，是否有幕后乐队）、时间长度等信息。这样当需要排练某一个片段时，舞台监督就能清楚地知道应该组织哪些演员进行排练。导演和舞台监督及制作人也可以参考场景分解表，根据曲目（或场次、段落）的时间长度、参演人员数量等信息制订相应的排练计划。

（二）排练厅布置

在排练开始前，舞台监督要组织并指导技术人员、相关后勤人员准备好布置排练厅所需的物品。排练厅通常选择与舞台尺寸相同的矩形区域，在观众方向一侧分别摆设长条桌、椅子、指挥椅、谱台、钢琴。在排练厅两侧分别摆设公告板，用以张贴日程、名单、通知、布景设计图、服装设计图等。此外，还应布置好饮水机等附属设施。

通常因受限于排练厅的空间以及制作周期，大多数情况下排练时没有真正舞台上所用的布景，这就需要在排练厅里搭建代用布景。首先，由舞台监督与技术管理沟通，提出排练代用布景需求，再由技术管理安排技术人员搭建，舞台监督也可以在场指导和提出修改意见。代用布景需要能够反映舞台真实布景的平面尺度（长度、宽度、位置），反映真实布景的空间关系（层次、高度，如楼梯、上下层楼等），以及真实布景的功能性（如门窗、柱子等可以和表演发生关系的物体）。通常代用布景都是由一些基础模块，如平台、台阶、带轮子的平板车、墙片、门、窗、柱子等部件组合而成，可根据不同剧目的需要灵活拆装。

此外，舞台监督要指挥技术人员按照舞台平面图标出台口和每一个布景的精确位置。这有助于导演和演员以最接近真实舞台的位置进行艺术创作，尽量减少将来上舞台之后可能出现的偏差。

除了代用布景，一般剧目排练时都需要提供代用服装。因为某些服装可能和演员的动作、调度或是演唱有关系，为了尽量使演员和导演找到真实舞台上的感觉，服装部门应提供排练代用的服装、鞋、帽，有时还要提供护膝等用品。

排练开始前，道具管理应按导演或设计师提供的清单准备好排练的代用道具，如果真道具制作完成，可以运至排练厅供排练使用。

一个干净整洁、布置合理的排练厅，能为演职人员提供轻松愉悦的工作氛围，也方便舞台监督对排练进行管理。

当上述事项安排妥当后，舞台监督的准备工作就基本完成了。

二、排练阶段

（一）召集人员，组织排练

舞台监督是整个排练阶段的推动者，其需要按照导演制定的排练日程，在排练开始前把所有相关人员召集在一起（主演、群众演员、指挥、钢琴师、助理导演等人，通常让制作人或助理监督协助确保主演按时到达），把所有物品准备齐全（安排技术人员准备好当日所需场景、道具）。这样当排练时间开始时，导演可以直接开始工作。

一般情况下，由舞台监督宣布排练开始和暂停休息以及排练结束。当排练开始后，舞台管理组就开始投入各自的工作。

（二）执行监督和助理监督的工作

执行监督通常坐在排练厅（舞台）正前方，在提示本上记录场景变化和道具使用情况，因为在排练与演出中，执行监督要发出指令，在正确的音乐点、时间点上进行布景迁换。此外，执行监督还要在提示本上记录演员调度，如演员上下场、主要位置和行动路线、关键明显的动作等，这有助于舞台工作的进行。

在排练阶段，执行监督会根据不断完善的提示本，逐渐整理出相应的舞台迁换表，如果有特殊的舞台动作，会专门整理出一个操作图解，如在《漂泊的荷兰人》里单独的推拉门操作表、音响扩声操作表等。只要是有关舞台效果的，执行监督都需要了解并掌握。进入舞台排练最后阶段，执行监督会整理出一个整体流程表，即包含灯光、机械、布景、投影、音响等各方面的动作列表。

助理监督通常位于排练厅（舞台）的两侧。他们的主要工作就是记录演员上下场的音乐时间点、空间位置、所带道具、服装头饰等，并在准确的点上发出指令，让演员上场。

三、装台和技术合成阶段

通常在排练厅排练结束后，剧团就开始准备舞台排练。在舞台排练之前，技术部门要完成装台。装台包括灯光、音响、投影设备的安装吊挂和调试，以及布景的吊挂、组装和调试。装台时间根据剧目布景规模、复杂程度、参与人数、操作人员熟练程度等而有所不同，有时几小时就能完成，有时则需要几天。

装台完成后，需要进行技术合成（technical rehearsal）。技术合成指的是舞台各个工种根据剧目中舞台的变化进行相应练习。技术合成由舞台监督指挥，包括告知所有人演出开始前的舞台布置，以及开始后所有舞台上发生的变化，如吊杆的升降、布景的运动等，有时也配合投影和灯光进行。技术合成的目的就是通过练习和实验，确定演出过程中所有舞台变化的时间、方位、速度等，有时技术合成会配合音乐进行，以保证布景运动的精确速度。在技术合成过程中，舞台监督发布指令，技术管理则组织装置人员实现舞台动作。

四、舞台排练和彩排阶段

在技术合成完成之后，演员进入舞台排练阶段。例如，一般歌剧舞台排练分为带钢琴的排练和带乐队的排练，最后再加上 1—2 次彩排。舞台排练的主要目的是让演员适应舞台空间、服装、道具、音响效果，让技术人员适应舞台变换。舞台排练通常是一部戏最紧张繁忙的阶段，因为很多问题都会在刚上舞台的时候暴露出来，所以舞台排练对于舞台监督来说是一项很大的挑战。

在舞台排练开始前，舞台监督要按照排练日程提前安排各个工种完成准备工作，逐项检查舞台工作完成情况、演员到达情况、化妆服装完成情况等。执行监督要从排练前约半小时开始催场，确保所有人员准时到达舞台并准备就绪，包括演员、指挥、技术人员等。

助理监督要按照开演前的准备清单逐项检查舞台上的细节，包括道具摆放、演员就位情况、服装头饰等。

准备就绪后，舞台监督开始排练工作。以歌剧舞台排练为例，通常是在鸣钟、压暗场灯之后，所有人安静地等待指挥上场，指挥以舞台监督的信号灯为准开始指挥音乐，整个舞台排练就按程序逐步进行了。在排练过程中，执行监督不断完善提示本，根据提示本来指挥灯光、机械、布景的变化。此外，执行监督还要按照每个演员上场的时间，提前 5—10 分钟催场，让演员到指定位置候场。

在舞台排练期间，助理监督要检查演员的服装和所用道具，并在准确的音乐点上提示演员上下场。助理监督除了管理演员上下场，还要处理舞台两侧许多关键事项。当执行监督无法直接观察到台侧的情况时，就由助理监督来指挥一些舞台动作。例如，指挥某些布景迁换，确认反馈舞台动作（如台仓演员就位，舞台可以上升，或是幕已落到底可以起投影等），制造特殊音效，指挥干冰、烟机、风扇、提示和安排幕后合唱、幕后指挥、幕后乐队、监视器、话筒等。

五、演出阶段

所有人的工作都是为了最后的演出，除了演员在台上的表演，其他事项都掌控在舞台监督手中，舞台监督是演出期间唯一的指挥官。

为了实现完美的演出效果，舞台管理组必须在演出前进行细致缜密的检查：舞台监督检查总体准备情况，如日程进度、演员到达情况，演出前安排的特殊活动等；执行监督检查舞台布景、通信、监视系统，执行催场；助理监督检查道具、服装。每一项检查都必须对照清单逐一进行，避免遗漏。演出开始后，舞台管理组牢牢掌控着舞台上发生的一切，确保所有事项按计划、按预期发生。执行监督根据乐谱音符准确地发出指令，由相关操作人员实现舞台变换效果。助理监督确保每个演员在正确的时间点上，带着正确的服装和道具上场……所有的细节要完美配合，才能保证演出的顺利进行。

六、演出结束

演出结束后，舞台监督要组织谢幕。对于舞台监督来说，谢幕也是演出的一部分，同样需要严格按照程序进行。以歌剧舞台为例，谢幕通常由群众或合唱演员开始，然后主演按照角色重要程度依次上台，最重要的角色最后上场，然后再请指挥上台谢幕。谢幕的方式没有统一标准，一般根据导演的编排进行。舞台监督控制谢幕时关键是要把握顺序、开关幕时机，避免冷场，让演员和观众的情绪得到充分宣泄。此外，还有一些献花、主创上台等流程，舞台监督也必须掌控。总之，对于舞台监督而言，在场灯亮起观众离场之后，演出才真正结束。

第四节　舞台管理中的事件处理

由于舞台艺术涉及的人员众多，包括艺术家、技术人员、管理人员等，而舞台空间设施设备复杂，如舞台机械、电、布景等。众多因素需要完美配合和衔接，演出才能顺利进行，无论任何细节出现问题，都会影响全局。

舞台部分是演出安全隐患最大的地方。舞台的上空挂满了布制软景，几十台甚至上百台大功率的舞台灯光不断地闪烁，为达到演出效果，演出中有时还需要用到真实的蜡烛、火炬、烟花等明火，有时候还需要动物演员，再加上复杂的舞台机械、音响设备等，以及乐池中庞大的交响乐队，这使得整个舞台成为演出中最可能发生突发事件的地方。

在演出进行过程中，这类突发事件主要可以归为以下几类。

一是火灾。剧场舞台火灾是最严重的突发事件，历史上著名的剧院剧场，有很多毁于火灾，有的剧场甚至数次发生火灾，造成了大量的人员伤亡。

二是人员伤亡。当今舞台上发生最多的事故就是人员伤亡。随着现代舞台技术的发展，舞台区域的空间变化越来越复杂，如机械设备的应用可以提供升起的高台、下陷的深坑，常会引起人员的跌落。舞台上空悬吊的灯具、布景也为舞台空间带来了风险，人员有被坠物砸中的危险。近年来，舞台艺术创意越来越丰富，特效、特技的使用也在一定程度上增加了人员伤亡的风险。

三是设备故障。设备故障是舞台上常见的一类突发事件，越是复杂的设备越容易出故障，如灯光操作台、音响系统、升降台、转台等。原始、手动的设备反而因为其结构简单，操作灵活，而显得更为可靠。

四是演出失误。由于人员失误造成的演出失误，通常分为演员的失误和技术人员的失误。演员的失误常为忘词、忘记动作、拿错道具、走错位置等。技术人员的失误常是灯光、音响、机械、布景的操作失误，在不该发生动作的时刻发生了动作，或者是动作没有到位等。

一、舞台风险评估和防范

一个剧目从排练至演出，无论是在排练厅还是在舞台上，都有许许多多的人身伤害风险，或是演出失误风险。例如，在国家大剧院制作的歌剧《游吟诗人》中，大量的刀枪打斗场面就可能给演员带来受伤的风险。常见的人身伤害类风险有物品掉落伤人、刀枪等锋利物品伤人、跌落、电击等，常见的演出失误风险有换景时间不够、演员抢装时间不够导致误场、演员和舞台布景灯光配合失误等。

通过风险评估，舞台监督可以提前掌握有可能发生的风险情况，并督促落实防控措施。做风险评估并不能消除风险，而是可以把风险降低到可以接受的范围之内。

二、舞台突发事件的处理原则

舞台突发事件千变万化，什么事情都有可能在舞台上发生。处理舞台突发事件有以下几个原则。

1. 人员的健康安全最为重要

在发生涉及人身安全的突发事件，如火灾、水灾、地震等危急事件时，应停止一切活动，迅速组织人员疏散和伤者营救。发生个别人员受伤时应迅速呼叫救护车，通报安保部门放行救护车，根据实际情况展开救援，并决定是否继续演出。

2. 关于演出失误：以观众察觉为准

在很多情况下，因为演员的失误或者是工作人员的失误，没能正确地实现某个舞台动作，但是这并不一定会构成事故，因为对于观众来说，他们有时察觉不到舞台上发生了问题。例如，一个演员走到椅子前坐下，这时候应该有一架钢琴从空中降下落到他面前，然后他开始弹奏钢琴。但是由于故障，钢琴并没有降下来，演员空手比画完成了该情节的表演，观众并没有发现这是个失误，反而以为这就是导演的处理。因此，在此类失误发生时，舞台监督应保持冷静，控制演出节奏，确保演出继续进行。

3. 慢了总能追得上

在演出中，还有一种常见的事故是舞台没有完成预期变换，而此时音乐和剧情并不能停下等待，这时只要尽可能地不让换景人员暴露在观众眼前，在接下来的音乐和表演当中，继续做完换景的动作即可。这样可以保证演出不至于中断，即使观众觉得有瑕疵，也胜于演出被迫中断。

4. 幕前音乐会

对于歌剧而言，如果舞台上确实发生了导致演出无法继续进行的故障，如布景完全无法变动，则可以放下大幕，让演员到幕前的台口继续演唱，乐队继续演奏，把歌剧变为音乐会直至结束。

5. 最坏的情况

最坏的情况就是演出不得不终止、取消。这通常是因为发生了伤亡事故，或是出现了主要演员、指挥身体不适又无人替补的情况。这时只能停止演出，向观众说明情况，并安排疏散、退票等事宜。

第四章　演出业的产业化运作

第一节　演出资源的开发

一、演出资源的概念

演出资源是指具有高度艺术价值和表现力的文艺元素，能够呈现出一定的视觉、听觉或思维冲击效果。演出资源的发现和开发是演出产业的第一步，这一环节的成功与否直接影响到后续阶段的工作。演出资源的分类因不同的定义方式而不同，一般而言可按照资源的类型、性质、用途等方面进行分类。

二、演出资源的类型

（一）文化性资源

演出资源的核心是文化性资源，如戏曲、传统音乐、舞蹈等，这些资源一般具有很强的内容内涵，富有文化熏陶的气息，能够满足大众个人艺术鉴赏和提升文化内涵的需求。

以舞蹈诗剧《只此青绿》为例，为了重现宋代《千里江山图》中情景交融的审美意象，产品把《千里江山图》中的“山水”进行拟人化处理，并集中提取了最能代表《千里江山图》中情景交融的“青绿”山水意象，进行审美表达。不像传统戏剧那样为戏剧的故事情节和叙事服务，从而揭示戏剧人物的典型性格，而是为了再现宋代王希孟绢本绘画《千里江山图》中情景交融、富有诗意的山水审美意象和意蕴。同时，为了追求上述审美意象的极致表达效果，舞蹈诗剧《只此青绿》的导演在全面研读《千里江山图》的基础上，在思考如何跨时空和跨艺术门类进行当代审美转换时，就确定了《千里江山图》中“青绿”审美意象的提取，并且凝结了导演周莉亚和韩真对客观事物最为本质的把握和选择，及其真挚情感的表达。因为“青绿”这一审美意象，既是《千里江山图》中最为核心的纯审美意象和灵魂，也是舞蹈诗剧《只此青绿》中引导我们观看的审美眼睛，很难用具体的生命形态去展示。于是导演回避和淡化了舞蹈诗剧中某一具体的人或物的形象，把《千里江山图》中最为突出的“青”和“绿”这两种色彩提取出来，做到以意取象，使其抽象化和符号化，最终转换为独具东方审美特色的“青绿”审美意象。[①]

（二）娱乐性资源

娱乐性资源以趣味性为核心，如相声、小品、魔术、音乐会等，具有轻松有趣、让人放松的效果。

以小品为例，中国喜剧小品的呈现方式在不同时期有着明显的变化。从最早的春晚开始，喜剧小品主要在全国性的文艺晚会上呈现。春晚作为中国最大规模的文艺晚会，每年都会有喜剧小品登台表演，这些小品主要以舞台剧的形式呈现，通过滑稽的桥段、笑点连续的段落、滑稽幽默的表

---

① 高尚学，古弦．文化传承与当代建构：舞剧《只此青绿》对中国美学理论的发展［J］．南方文坛，2023（6）：168-172.

演方式来娱乐观众。

20世纪90年代，在中国喜剧小品比赛是一种非常流行的展示喜剧才华的方式。当时电视台会定期举办喜剧小品比赛，邀请各地的喜剧演员参赛。在比赛中，演员们通常会结合当前的社会热点话题进行搞笑演出，表现自己对时事现实的观察与评论。这些大赛不仅让更多的喜剧演员有机会展示自己的才华，同时也为观众提供了更加丰富多样的娱乐选择。这些喜剧小品比赛还可以提高喜剧表演艺术水平，并且为观众带来了更多的笑声和快乐。

随着电视技术的发展和电视收视率的提高，电视综艺节目成为喜剧小品的重要展示平台。许多卫视都有专门的喜剧类节目，如《欢乐喜剧人》《笑傲江湖》等。这些节目通常会有多位喜剧演员参演，以单场、单期的形式呈现，通过主持人的引导、观众的互动等方式来增加节目的趣味性。

近年来，随着互联网技术的发展，越来越多的喜剧小品综艺在网络平台上播出，其中包括《一年一度喜剧大赛》和《认真的嘎嘎们》等。这些在网络平台上播出的喜剧小品综艺为观众带来了全新的娱乐体验。一方面，网络平台的喜剧小品综艺不再受到电视台播放时间的限制，更加自由和灵活，可以更好地满足观众的需求。例如《认真的嘎嘎们》这样的综艺节目，因为是在网络平台上播出，因此能更好地展示喜剧演员们的实际生活，更好地接近观众。另一方面，网络平台的喜剧小品综艺更注重互动性和社交性，更多地与观众互动，让观众有更多的参与机会。例如《一年一度喜剧大赛》，通过场内投票来确定比赛结果，让观众可以参与到比赛中来，更好地与演员互动。网络平台上的喜剧小品综艺不仅提供了新的娱乐方式，也为观众提供了新的互动体验。此外，网络平台上的喜剧小品综艺还更加注重创新和多样性。在这些节目中可以看到各种不同的表演形式和题材，如幽默短剧、音乐剧、日本站台喜剧等。这些不同的表演形式和题材为观众带来更多的观赏乐趣。

同时，网络平台也为喜剧小品演员提供了更多展示才华的机会，由于网络媒体的开放性和公平性，很多新人有机会展示自己的才华，这样就会有更多喜剧人才涌现。总之，互联网平台上的喜剧小品综艺为观众带来了全新的娱乐体验，同时也为喜剧演员提供了更多展示才华的机会。

另外，还有一种呈现方式就是喜剧剧场。在中国，喜剧剧场是一种非常受欢迎的娱乐形式，在这里，观众可以面对面地观看喜剧表演。通常，喜剧剧场演出更加专业，演员们经过严格的训练，有一定演出经验积累，能够更好地呈现出喜剧小品的高水平表演。随着社交媒体和直播平台的兴起，喜剧演员也能通过在线平台进行直播表演，这种呈现方式也越来越受欢迎。

总的来说，不同时期和不同地区的喜剧小品呈现方式各有特色，具有多样性和丰富性。中国喜剧小品的呈现方式在不断发展和变化，从传统的文艺晚会、电视综艺节目到现在的互联网综艺、喜剧大赛等，不断为观众提供新鲜和多样化的娱乐内容，为观众带来丰富多彩的娱乐体验。[①]

（三）新媒体艺术资源

新媒体艺术资源逐步形成于数字化技术逐渐普及的今天，例如声光表演、音乐互动游戏、VR/AR 表演等。

以数字新媒体时代下的 VR 表演为例，基于 VR 技术的艺境相融功能，可以在舞台表演的过程中实现虚拟现实演出。具体来说，在跟踪器、数据头盔等设备的支持下，可以生成一个动态化的虚拟世界，从视觉、听觉甚至是触觉的角度来对观众形成刺激。在人机交互的状态下，观众可以获得沉浸式的体验。这使得现实世界与虚拟世界之间的界限变得模糊。在这个过程中，VR 技术表现出了以下三个特征。

第一是想象性，指的是它可以在相关设备和技术的支持下为观众构建

---

① 王烁．喜剧小品表演艺术研究［D］．长春：吉林艺术学院，2023.

起一个虚拟化的环境和情境，使他们打破多重感官的限制，充分发挥自身的想象力并沉浸在这个想象的世界中。第二是临场性，指的是观众完全沉浸在 VR 情境当中，出现了置身其中的感受，甚至无法分清现实与虚拟。在这个基础上，个体可以在现实与虚拟之间实现对话和交互，这是 VR 技术第三个特性即交互性的体现。

除了在游戏、教育等领域中应用，目前 VR 技术已经在舞台表演中广泛渗透，基于艺境相融的功能实现了虚拟现实的演出。在前期，工作人员会基于演员的舞台表演来进行动作捕捉录像，然后在渲染管线的支持下对这些录像进行模拟化处理，最终将表演艺术搬上舞台，带到观众面前。在这个过程中，可以针对不同的艺术语汇创造相应的虚拟化情境。在此基础上，还可以利用 VR 技术的全景功能创作多样化的艺境融合剧目，比如“草原歌舞会”“杂技表演活动”等。同时，还可以将 VR 技术与演唱会和音乐节的直播相互融合，实现虚拟演员与现实演员共同表演的效果。[①]

三、深挖文化：演出资源的来处

从文学、历史、地理等方面寻找演出资源是演出产业的一项重要工作。借鉴文学、历史、地理等方面的资源，并对其进行剧情化转化，能够将这些资源转化为可用于表演的故事情节。

一是文学资源。文学产品中蕴含着丰富的刻画人物形象和构建故事情节的元素，借助这些元素，可以创造出更优秀的演出产品。可以通过研究文学产品，了解其故事情节、主题、背景等方面的信息，然后利用这些信息来完成演出产品的编剧和制作。例如，现代戏曲常常会采用文学产品及人物传记中的形象，进行舞台剧表演；而现代儿童音乐剧的很多桥段和曲

---

① 孙彬，王鸿俊 . 声乐表演的特征及舞台艺术实践研究：评《声乐表演要素及其艺术实践》[J] . 科技管理研究，2021，41（3）：223-224.

目都是基于童话故事进行创作的。

二是历史资源。历史是国民文化的基石，历史传统言传身教，烙印于人民的骨肉精神中。通过研究历史，可以寻找到不少值得发掘的演出资源，如民间传统文化、历史事件等，可以借鉴历史人物及其事迹，编排剧本及造型定制，以讲述精彩的剧情，从而得到更多观众的认同。

三是地理资源。地理资源也是珍贵的演出创作资源。地理与文化息息相关，不但有文物、农业、民俗、饮食等元素，还包括有地域特色的传统艺术形式，如戏曲、音乐、舞蹈等。例如，北京京剧《红楼梦》对颐和园的利用、湖北女儿谷的国宝珍藏成为演出的艺术资源。

四、演出资源开发数字化

使用数字化技术寻找演出资源是演出产业的重要手段。数字化技术飞速发展，不仅能帮助艺术家和制作人更好地进行艺术创作，还能开发更多的演出资源和演出机会，主要有如下几种形式。

一是互联网搜索引擎。随着互联网的发展，搜索引擎成为人们获取大量信息的关键工具之一。利用搜索引擎，如百度、谷歌等，可以轻松地搜索到各种类型的演出资源，比如相关演出信息、主创阵容、票务信息以及舞台剧等，为演出的创意和制作方案提供了丰富的素材。

二是数字化图书馆。数字化图书馆是数字化技术在文化遗产保护与传承方面应用的典型。数字化图书馆可以存储来自世界各地的珍贵图书、照片、视频以及音频资料等多种资源，同时也允许用户进行高效在线检索，可为演出创作提供历史、文化、艺术等多维度的资源。

三是大数据分析。大数据分析能够快速处理大量数据，不仅能够分析社会、文化、艺术等方面的发展趋势，也能够识别和挖掘人们的兴趣点，从而在演出行业中为制片及创意提供明确的方向。同时，大数据分析还可以帮助演出公司和演员分析票房走势，了解观众口味，从而更好地创作出适合市场的演出。

四是虚拟现实技术。虚拟现实技术为演出提供了全新的观看体验，可以模拟出各种场景以及舞台效果。演出制作团队可以利用虚拟现实技术，规划出更具想象力的产品，并在模拟器上进行测试及演出。

数字化技术已经成为演出产业中不可或缺的一部分。利用数字化技术，演出制作团队可以深入挖掘文化资源，提高创作效率，更好地把握市场需求，并为观众提供更加优秀的演出。

五、演出资源开发价值

随着文化创意产业的快速发展，演出资源的开发和应用越来越受到人们的关注。演出资源具有丰富的文化内涵和经济价值，充分挖掘和开发这些资源，不仅有助于推动文化艺术的发展，也可以促进经济的繁荣。

（一）文化传承

演出资源是传承民族文化和历史记忆的重要载体，演出产品表现的经典故事、角色形象等，能够引领观众进入一个历史、文化的世界。在演出中，可以通过视觉、声音等艺术形式，将历史、故事、人物等文化内涵传递给观众，从而达到文化传承的目的。此外，演出产品中蕴含着丰富的文学、地理、历史等方面的元素，不仅能够帮助观众了解和认知不同文化背景，也有利于打造促进沟通和理解的文化桥梁。

（二）经济贡献

演出资源的开发不仅可以推动文化的传承和发展，同时也能为经济社会带来丰富的贡献。演出产品的表演和运营，可以为整个产业链增加就业机会，增强市场活力。此外，演出产品的商业价值也越来越被人们重视，包括以演出产品为主题的周边产品、票务销售、广告代言和拍卖等，都成为演出产品经济贡献最直接的表现形式。

（三）增强文化影响力

随着现代媒体的发展，演出产品已经成为推动国家文化传媒产业发展的重要因素。演出产品通过票房、观看量等指标的表现，可以引起社会广泛的关注度，提高文化影响力。此外，一些优秀的演出产品还可能会有一定的国际影响，通过出口和海外巡演等形式，为提高国家文化软实力做出贡献。

演出资源的开发为后续演出项目的推出打下基础。但是，在演出资源的开发中，还需要关注演出资源的实用性和目标观众的拓展等。

第二节　演出品牌的打造

本节将深入探讨演出品牌打造的核心理念和实践，涵盖了品牌定位、品牌形象设计、品牌宣传和推广、品牌管理等关键要素。本书通过对世界文化名城品牌、大型演出团体品牌、大型演出节目品牌等案例进行分析，帮助读者深入理解演出品牌的打造核心原则，提高自身品牌管理和经营能力，为演出品牌的更好发展做出积极的贡献。

一、演出品牌概述

（一）品牌与文化品牌

进入 21 世纪后，竞争日益激烈，大众对“品”的认可度也越来越高，从企业到个人纷纷采用营销或公关等手段进行自身品牌的包装。品牌一词来源于英文“brand”或“trademark”。余明阳和杨芳平在《品牌学教程》一书中将“品牌”定义为“能给拥有者带来溢价、产生价值的一种无形资产，它的载体是用以和其他竞争者的产品或劳务相区分的名称、术语、象征、记号或设计及其组合，增值的源泉来自在消费者心智中形成的关于其载体的印象”。

品牌的塑造主要集中体现在三个层面。首先，从企业自身产品的质量入手，使其与同类产品形成独特的差异化区别；其次，通过企业形象方面显性要素的塑造（如品牌标识、标志、包装、广告语等），在买卖双方之间构建起自身品牌与消费市场的关联性；最后，通过隐性要素的塑造（如品牌文化内涵、品牌个性及体验等），在消费者的认知中形成特有观念，建立消费者的信任与认可。良好的品牌形象作为对消费者的品质承诺，在一定程度上可以保障消费者实际购买力的转化。①

文化品牌主要与文化产业内文化、艺术、娱乐、休闲、新闻出版等行业相关。文化品牌以创意及个性的元素为内核，依托独特的载体在消费者进行文化产品选择和体验的过程中形成区别和区分。中南大学中国文化产业品牌研究中心认为，文化品牌的综合价值主要由市场占有能力、超值创利能力和品牌发展潜力组成，该指标对山西省后续文化品牌的塑造有一定的参考意义。②

（二）演出品牌的含义及价值源泉

1. 演出品牌的含义

演出品牌是指以特定的演出内容、风格、形象和价值观念为核心，通

① 庞亚婷 . 以演出市场为例谈山西特色文化品牌的塑造策略［J］. 中国民族博览，2017（4）：62-64.

② 庞亚婷 . 以演出市场为例谈山西特色文化品牌的塑造策略［J］. 中国民族博览，2017（4）：62-64.

过连续性的演出活动，在观众心中形成的独特的品牌印象。它不仅是演出市场竞争的重要资产，也是观众选择观看演出的重要依据。演出品牌的建立，需要通过创意、包装、宣传和营销等多方面的努力，使演出不仅仅是一次文艺呈现，而是成为一种文化现象，一种生活态度的传达。

一个成功的演出品牌，依赖于独特的演出内容、高水平的艺术表现、专业的运营管理以及有效的市场推广。因此，通过优质的演出产品和精心的品牌维护，演出品牌能够在激烈的市场竞争中占据一席之地，为演出机构带来长远的发展动力。

2. 演出品牌的价值源泉

（1）文化内涵的深度

品牌的文化内涵不是表面的符号和视觉元素，而是深植于品牌核心的历史和传统。演出品牌应成为文化传承的载体，通过艺术表现连接过去和现在，使观众感受到品牌背后的故事和深层意义。这种传承可以是直接的，如古典剧目的现代演绎，也可以是间接的，如通过现代艺术形式表达传统主题。

一个成功的演出品牌，其力量在很大程度上来源于能够讲述吸引人的故事。品牌故事并非单一的叙述，而是一种能够激发情感共鸣和精神共振的多维交流。演出品牌需要发掘和塑造独特的故事，这些故事应与其文化价值观相呼应，通过精心设计的宣传和营销策略传达给观众。

文化符号是传递文化内涵的有效工具。这些符号可以是图像、语言或者任何具有文化记忆点的元素。演出品牌应细心挑选和创造文化符号，使其能够在观众心中留下深刻印象，并通过这些符号的反复应用强化品牌记忆，从而建立起品牌的文化象征。

演出品牌的价值还体现在其承担的社会责任上。品牌不仅是经济实体，也是文化传播和社会进步的推动者。通过支持教育、参与社区建设或倡导环境保护等活动，演出品牌可以展现其关注社会问题的一面，这不仅丰富了品牌的文化内涵，也增强了公众对品牌的好感和信赖。

文化内涵对于演出品牌的价值具有深远影响。品牌的文化内涵是其生命力的根基，只有深入挖掘和恰当运用这种内在的力量，演出品牌才能建立起不可动摇的市场地位和观众情感联结。在实践中，演出组织应通过持续的文化研究、故事创新、符号设计和社会责任实践活动，不断深化和扩展其文化内涵，以不断增强品牌价值。

（2）艺术品质的高度

艺术品质是演出品牌价值的核心，它是品牌能否获得市场认可和观众青睐的关键。一个成功的演出品牌，必须以高水平的艺术创作为基础，这包括剧本的原创性、导演的创新性、演员的表演水平以及舞台设计与技术的先进性。这些元素的综合体现，构成了演出品牌的艺术品质，从而确定了其在市场中的竞争力和在观众心中的地位。

剧本的原创性是艺术品质高度的重要体现。原创剧本不仅提供独特的故事线和创新的叙事手法，而且能够折射出独到的文化视角和时代精神。它是品牌个性化的重要来源，能够创造与众不同的品牌形象，为品牌赢得口碑和市场。例如舞剧《永不消逝的电波》以李白烈士的真实事迹为蓝本，构建独特故事线，讲述隐蔽战线的英雄故事。在叙事上巧妙融合舞蹈与谍战元素，创新地用肢体语言推动情节。从文化视角展现革命先辈的家国情怀，彰显英勇无畏的时代精神。这部原创舞剧塑造了独特品牌形象，在全国巡演大获成功，收获如潮好评，赢得了良好口碑和广阔市场。

导演的创新性则是将剧本的原创思想转化为舞台语言的关键。一个创新的导演能够运用新颖的表演风格和舞台设计，让传统的演出形式焕发新的生机。导演的视角决定了演出的风格和深度，是吸引特定观众群体的重要因素。例如，某些以年轻导演为主导的演出品牌，常常能够准确捕捉到年轻观众的审美趋势和文化需求，从而在年轻观众市场中建立稳固的品牌地位。

演员的表演水平直接影响到演出品质的呈现。优秀演员通过精湛的表演技艺，赋予剧本中的角色以生命，传递细腻和深沉的情感。演员对角色的理解和演绎，不仅能够增强观众的代入感，也是品牌艺术价值的直接体现。因此，演出品牌常常会与一流的演艺人才建立长期合作关系，以维护和提升其艺术水准。

舞台设计与技术的先进性同样至关重要。现代舞台技术如三维立体投影、智能灯光系统和多媒体互动技术，能够为演出带来震撼的视觉效果和丰富的观看体验。具有创意的舞台设计和先进技术的运用，不仅提高了演出的吸引力，也体现了品牌的创新意识和科技投入。例如，一些以高科技舞台著称的演出品牌，就利用尖端技术提升了演出的整体艺术效果，从而在市场中形成了独特的竞争优势。

艺术品质的高度是演出品牌价值源泉的关键。一个品牌的成功建立，离不开对原创剧本、导演创新、演员表达和舞台技术等方面的深入投资和精心打磨。通过对这些方面的不懈追求，演出品牌能够在激烈的市场竞争中凸显其独特的艺术价值，赢得观众的认可和尊重，最终实现品牌价值的持续增长。

（3）创新能力的持续性

艺术创新的必要性在于其对于维持和增强演出品牌竞争力的核心作用。在不断变化的娱乐市场中，艺术创新不仅是品牌区分自己的手段，也是连接观众与艺术的桥梁。在这一过程中，艺术产品的原创性起到了至关重要的作用，原创艺术作品不仅能够吸引观众的目光，也能引起评论界的关注，从而为演出品牌赢得声誉和市场份额。艺术产品的原创性是艺术创新中的一个核心要素，它指的是在内容创作、表演风格或者技术应用上的独创性。原创产品往往包含独特的视角、新颖的表现手法和未经探索的主题，它们能够深深打动观众的心灵，引发情感共鸣。此外，原创产品也是评论界关注的焦点。评审团和文化评论家通常寻找那些能够体现艺术家独特视角和创意的产品。因此，通过展现原创性，演出品牌可以在艺术界建立起积极的品牌形象，吸引更多的媒体关注和公众讨论，从而提升其在行业中的影响力。

不断推出新颖产品的能力是判断演出品牌活力的一个重要标准。新颖产品不仅是艺术探索的成果，也是品牌与观众沟通的新契机。艺术创新赋予演出以独特性，这不仅表现在表演的内容上，亦体现在演出形式和技术的运用上。这种差异化是品牌在激烈的竞争中脱颖而出的关键，它不仅能够满足观众对新鲜体验的追求，还能激发市场对品牌的新兴趣。

在进行艺术创新时，演出品牌必须坚持其核心价值和艺术理念，确保新产品与品牌的长期目标和观众期望相一致。这要求演出品牌在创新的同时，也要保持一定的连贯性和可识别性。因此，艺术创新不仅是一种创作行为，更是一种战略决策，它要求演出品牌在保持艺术性的同时，也要考虑市场的需求和发展趋势。

另外，在演出艺术的领域内，技术创新已经成为品牌发展不可或缺的推动力。随着科技的迅猛发展，特别是增强现实和虚拟现实等新兴技术的应用，为传统的演出艺术注入了前所未有的活力。这些技术不仅丰富了演出的表现形式，还为观众带来了沉浸式的观赏体验，从而增强了演出的吸引力和观众的满意度。

增强现实技术允许演出者和制作人员在现实世界中融合虚拟信息，通过智能设备，观众可以看到现实世界与数字图像的结合，从而增加了演出的互动性和观赏性。例如，在一部戏剧演出中，利用 AR 技术可以使舞台背景实现动态变化，或是在观众的移动设备上展示角色的详细背景信息，这种技术的应用极大地丰富了观众的体验和演出的故事层次。同时，虚拟现实技术创造了一个全新的舞台空间，观众可以戴上 VR 头盔，进入一个完全由计算机生成的三维环境。在这个虚拟世界里，观众不再是静态的旁观者，而是变成能够与演员和环境互动的参与者。这样的互动体验极大地提高了观众的参与感和满意度，从而增加了演出的附加价值。

技术创新在优化演出生产流程方面同样发挥着重要作用。利用先进的技术，如自动化舞台机械、智能照明系统以及音频处理软件，可以有效地简化演出准备工作，减少人工操作的不确定性和错误率。这些技术的应用，不仅提高了工作效率，而且在一定程度上降低了生产成本。例如，通过编程控制的舞台设备可以减少对人工操控的依赖，从而实现更精确和更可靠的场景转换。此外，数字化的剧本和分镜头设计软件可以加速创意过程，允许团队成员更加高效地协作和交流。这种优化的工作流程不仅减少了演出准备的时间，也为艺术家提供了更多时间去磨炼艺术表现，提高了整体的演出质量。可以预见，在未来，技术与艺术的深度融合将继续为演出品牌的发展带来无限可能。

近年来，许多演出品牌通过将传统艺术与现代元素相结合，创作了一系列受年轻观众欢迎的产品。这些产品之所以能够成功，在很大程度上得益于艺术家不畏挑战、勇于创新的精神。艺术创新不仅表现在内容和形式上，还包括对演出方式、舞台设计甚至观众参与方式的全新尝试。这种创新精神的培养和鼓励，是演出品牌价值源泉中至关重要的一环。

二、演出品牌的建设与推广

（一）演出品牌形象的塑造

演出品牌形象的塑造是演出品牌建设过程中的核心内容，它涉及演出产品的视觉标识、品牌文化内涵、市场定位以及受众情感联结等多个方面。有效的品牌形象塑造能够提升演出的市场竞争力，增强观众的品牌忠诚度。

演出品牌的视觉标识是品牌形象塑造的基础。这包括独特的品牌名称、Logo 设计、标准色彩、字体等视觉元素的统一和标准化使用，这些元素共同构成品牌的“面孔”，为消费者提供识别的依据。

品牌文化内涵是演出品牌形象塑造的灵魂。演出不仅是一种文化产品，更是一种文化现象，它往往承载着某种文化理念或精神价值。通过故事讲述、主题深化等方式，将品牌价值观和文化内涵融入演出内容，让观众在享受艺术的同时，感受到品牌的文化魅力。

明确的市场定位能够确保演出品牌形象的清晰度。一个成功的演出品牌需要知道自己的目标观众是谁，他们的需求和偏好是什么。这要求演出品牌在塑造形象时，应结合市场研究，精准定位，以满足特定受众群体的期待。

受众情感联结是演出品牌形象塑造的关键。品牌与受众之间的情感纽带可以通过可产生共鸣的故事、共享的体验来构建。演出品牌应通过有效沟通，倾听并回应观众的声音，通过社交媒体、线上线下活动等途径加深与受众的情感联结。

持续性是演出品牌形象塑造的保证。品牌形象的塑造不是一蹴而就的，而是需要持续投入和细致打磨。演出品牌应定期评估品牌形象的现状，根据市场反馈和变化进行调整，确保品牌形象的时代感和创新性。

演出品牌形象的塑造是一个系统工程，它需要演出单位在品牌视觉标识、品牌文化内涵、市场定位以及受众情感联结等方面投入持续的关注和创新努力。通过有效的品牌形象管理，演出品牌可以在激烈的市场竞争中脱颖而出，赢得观众的心，实现品牌的长远发展。

（二）演出品牌建设中的创意应用

在演出娱乐经营管理中，创意对于演出品牌建设起着至关重要的作用。首先，品牌的创意需围绕演出的核心价值进行设计。演出品牌的核心价值体现了其独特的艺术风格和文化内涵，是区别于其他演出品牌的关键。通过深入挖掘演出的主题、内容及其背后的文化故事，可以设计出与众不同的创意策略，从而形成独特的品牌印象。例如，一场关于传统文化的演出，其创意可能包括运用传统元素进行现代演绎，结合现代视觉设计，创造新颖的观赏体验。

创意的设计需贴近目标观众。了解和研究目标观众的喜好、习惯和行为模式是创意策略成功的关键。为了吸引目标观众，演出品牌需要设计符合其口味和期待的宣传活动，如通过社交媒体平台进行互动式营销，或者打造一系列与观众生活方式相契合的体验活动，有效提升演出品牌的吸引力和市场影响力。

创意的应用应注重演出品牌故事的讲述。一个有力的品牌故事能够为演出增添深度，并使其在竞争激烈的市场中脱颖而出。通过讲述引人入胜的背景故事，不仅能够提升演出的艺术价值，还能加强观众与品牌的情感联系。品牌故事可以通过多种渠道传播，包括广告、社交媒体、公关活动等，以确保信息的一致性和广泛传播。

创意还需在视觉和听觉元素方面下功夫。创意的视觉元素，如独特的标志、吸引人的海报和宣传片，可以大大增强品牌的可识别性。同时，音乐、口号等听觉元素也应与品牌形象相协调，通过声音传递品牌的氛围和情感，增强记忆点。

创意的应用还要注重营造独特的演出体验。演出品牌建设不仅是推广宣传，更重要的是在演出现场为观众提供难忘的体验。可以通过创新的表演形式、互动环节或现场效果，使观众能够在享受艺术的同时，感受到品牌的独特魅力。

创新和适时的调整对于创意策略的长期效果至关重要。随着市场环境和观众喜好的变化，演出品牌需要不断地评估和更新其创意策略。通过收集观众反馈、监测市场趋势和分析竞争对手，演出品牌可以灵活调整策略，确保品牌保持持续的活力和吸引力。

创意是演出品牌建设中的核心要素。通过精准定位核心价值、贴近目标观众、讲好品牌故事、强化视听元素及营造特色体验，创意策略能有效提升演出品牌的知名度和市场竞争力。同时，持续的创新和调整也是品牌永葆活力的关键。

（三）演出品牌传播途径

在当今多元化的媒体环境中，演出品牌的传播是一项复杂而细致的工作。要有效地推广演出品牌，我们需要采取多种传播途径和方法，结合创意策略，提升品牌的市场竞争力和观众的品牌忠诚度。

传统媒体仍然是演出品牌传播的重要平台。电视、广播和印刷媒体如报纸、杂志等可以通过广告、专题报道、评论等形式，向公众宣传演出品牌。这些媒介由于覆盖面广，可以在短时间内提高品牌的知名度。

数字媒体的崛起为演出品牌传播提供了新的机会。社交网络、视频分享平台、在线音乐和视频服务等数字渠道可以让观众与演出互动，增强观众的参与感和体验感。通过这些平台，观众不仅可以观看演出预告片、幕后花絮，还可以与演出者进行互动，这种双向交流有助于增强观众的黏性。

演出机构可以通过合作营销来传播品牌。通过与旅游、酒店、交通等相关行业合作，可以打造一系列联合推广活动，如打折套票、主题旅游等，这不仅能够吸引更多的观众，也能够提升品牌形象。

社区营销也是传播演出品牌的有效途径。通过走进社区、学校等，组织小型演出、讲座等活动，可以培养观众对演出艺术的兴趣和认识，这种基层推广策略有利于构建演出品牌的基础观众群。

在进行品牌传播时，还需要注意以下几个方面。首先，传播内容应该与目标观众的偏好相匹配。针对不同的观众群体，传播策略应该有所不同。比如年轻观众可能更喜欢通过社交媒体接触品牌，而成熟观众则可能更倾向于传统媒体。其次，品牌故事的讲述十分关键。一个好的故事可以激发观众的情感共鸣，增加品牌的吸引力。因此，在演出品牌的传播中，应该注重故事的打造和情感的传达。再次，保持品牌信息的一致性。无论在哪个传播渠道，传递的品牌信息都应该保持一致，以便于观众建立起对品牌的清晰认知。最后，评估传播效果。通过对演出票务销售、观众反馈、媒体曝光等方面进行数据分析，可以评估品牌传播的效果，并及时调整传播策略。

演出品牌的传播是一个系统的工程，需要有策略地运用多种传播途径和方法，并且不断创新以适应不断变化的市场环境。通过有效的传播，演出品牌可以在观众心中塑造独特的形象，从而在激烈的市场竞争中脱颖而出。

（四）演出品牌成功案例

以下是一些演出品牌运营实践案例。

1. 美国百老汇联盟（Broadway League）

美国百老汇联盟是美国著名的剧院联盟之一，其运营模式具有高度的系统性和创新性。该联盟成员由多个剧院组成，通过统一品牌形象、营销推广和票务销售，实现资源共享和优势互补。同时，该联盟还注重数字化转型和创新技术的应用，推出了一系列数字化服务和产品，提高了观众的体验和参与度。

2. 中国国家大剧院（National Centre for the Performing Arts）

中国国家大剧院是中国最知名的演出中心之一，其运营模式具有高度的整合性和协同性。大剧院注重产业链上下游资源的整合，通过与多个机构合作，实现了创意、制作、发行、展示、表演等环节的协同发展。同时，大剧院还注重品牌打造和服务提升，通过高水平的演出和优质的服务，吸引了大量观众和合作伙伴。

3. 英国皇家莎士比亚剧团（Royal Shakespeare Company）

英国皇家莎士比亚剧团是世界著名的戏剧团体之一，其运营模式具有高度的专业性和创新性。该剧团注重人才培养和剧目创新，通过与多个机构合作，实现了莎士比亚剧目和其他当代剧目的平衡发展。同时，该剧团还注重技术革新和现代化手段的应用，推出了一系列科技化的产品和服务，增强了观众的互动体验。

第三节　演艺业现代化营销

20 世纪 80 年代末，一位名为马克·兰德尔的记者通过大规模调查费城地区文化观众的行为提出，营销对艺术毫无作用，只能对艺术造成伤害。“艺术家和营销人员所做的完全相反。艺术家必须做出他们该做的事情，而后才能希望获得人们的喜爱；而营销人员则是先找出人们喜爱的事物，而后再去想办法满足这一喜爱。”为回应兰德尔的观点，菲利普·科特勒和乔安妮·雪芙在《票房营销》一书中将营销导向置于艺术使命和艺术视野构成的情境中加以定义：“营销不会要挟、强迫艺术放弃原有的艺术观点，它并不是‘强卖’或欺骗性的广告。它是一种创造交易并影响行为的稳健、有效的技术，如果运用得当，它对交易的双方都有好处。”[①] 可以看出，赞同“将艺术卖给大众会消磨艺术的本真”的人，是混淆了高雅艺术与文化演艺的范畴。高雅艺术包含于文化演艺内部，是文化演艺的子集而非文化演艺的全部。高雅艺术的高贵性的确值得维护，但其艺术性的损坏与否并不取决于是否进行了营销，而是取决于艺术家的态度及其坚持的艺术理念，

---

① 科特勒，雪芙 . 票房营销［M］. 陈庆春，等译 . 北京：中国人民大学出版社，2004：31.

与营销并无直接联系。何况文化演艺本身就是商品化的艺术表现形式，营销则是促进其长远发展的必然途径。文化演艺市场营销就是从演出经营者的立场出发，以观众为对象，研究演出经营者如何面对市场、面向观众，以观众需求为中心，通过现代市场运作方式把演出这一特殊的舞台艺术品销售给观众，在满足观众需求的同时，使经营者获得最大利润的全过程。文化演艺市场的营销过程大致分为六个步骤，即划分市场，选择目标，定位节目，演出制作与定价，广告、促销与公关，以及销售与售后服务。

一、划分市场

划分市场即把消费者分成数个相似的群体，在拥有不同需求、偏好和行为的不同种类市场中明确标示出各种群体，以便演艺团体根据市场划分制定出服务于某个特定市场区域的节目安排。对某个市场进行区域划分有很多种方法，而演艺团体最经常使用的划分市场区域的变数是人口统计学中的因素：年龄、性别、收入、受教育程度、职业、宗教、种族、家庭规模、家庭生命周期的阶段以及地理性因素等。科特勒和雪芙在《票房营销》中提到的观点是："组织通常选择结合两个以上的人口统计学变数以划分市场的区域，受教育程度和收入，就是表演艺术活动出席率的两个主要指标。同时拥有高水平的受教育程度和收入，可说是比任何其他单一变数都更具代表性的出席率指标……如果增加更多的如职业以及生命周期阶段等变数，只不过是丰富了分析的内容而已，实际上没有太大的助益。"另外，科特勒和雪芙在书中还列举出了多种创意的变数应用方式。

（一）PRIZM 地理群体划分方式

PRIZM 是依据"物以类聚"理论，参考了教育和富足程度、家庭生命周期、都市化程度、血统和种族、流动性等五大类共计 39 项因素，将美国居民分为62个不同生活形态的群体。营销人员可以利用此划分依据回答“哪些群体是最有价值的顾客”“哪些市场、表演场所和促销媒体为我们提供了最佳的成长机会”等问题。

（二）性别区域

调查发现，女性在表演艺术活动的出席者中占了大多数。很多情况下，男性之所以出席艺术演出就是为了陪伴女性，而做出出席决定的仍然是女性。从个性倾向方面去考虑原因，女性的特征主要表现在表达力、感性以及集体行动导向方面，而男性的特征则主要表现在独立性、活动力和自我导向方面。因此，营销者应该将其目标瞄准在那些能刺激消费者参与的人格特征上，也就是表达力和集体行动的倾向上，而不是仅仅把目标设定为女性而已。同时如果突出演出的活动力，那么男性也可以成为演出的目标人群。

（三）生活形态区域

生活形态区域衡量方式结合了心理学和人口统计学的衡量方法，又称为“心理人口统计学”，它比传统的社会经济特征更加有效，比性别区域更加具有动态性。目前已经有数种不同的方式可以用来表示各种生活形态的群体，其中大部分是以消费者的活动、兴趣和观点作为衡量的基础。例如，安德瑞森和贝尔克从受访者中获得休闲活动信息，按照是否出席交响乐和戏剧演出将群体划分为消极的家庭至上者、积极的体育狂热分子、内在导向的自给自足者、积极的家庭至上者、文化顾客和社交活跃者。研究人员发现，以审美需求为主导的文化顾客和以社交需求为主导的社交活跃者的交响乐和戏剧演出出席率最高。再如研究人员按照文化的、人口统计的、社会的以及家庭的生活形态特征将费城的文化市场划分为年轻的传统主义者、坚定的支持者、年轻的追随时髦者、家庭至上者和充满自信的捐献者。

在划分市场区域时，需要注意划分的区域要相互独立又全面覆盖，要有标准衡量的可操作性与实用性。在实际划分区域的操作中，营销人员需要确定划分的标准和方法，不同类型的演出产品所适用的划分方法不同。例如，针对地域性的演出市场划分适用于当地人生活形态这项标准；高雅艺术演艺市场划分适用于观众利益需求的标准，审美需求和社交需求者的出席率要高于娱乐休闲需求者。划分市场的目的在于帮助演艺团体评估对每个区域的投入力度，以及用怎样的特定产品、沟通方式、演出场所及价格来触达每个区域。有效的市场划分将提高组织的营销效率。

二、选择目标

选择目标是指在完成市场划分之后，决策出一个或多个进入与服务的区域。为了更具有竞争力，演艺团体需要充分认识其相对的吸引力、在区域内成功的先决条件以及组织本身的优缺点，评估出最适合为其提供服务的区域。

目标市场又被称为单一区域，这种精选策略旨在为其服务对象提供更为专业化的服务，但此方式使组织在获得独特声誉的同时，也承担了极大的风险。选择目标市场意味着要尽可能地对其进行深度剖析，否则一旦失去了目标市场的支持，可能会遭遇毁灭性的打击。相反，若选择多样化区域策略，则可以吸引更多元化的艺术爱好者群体，有效地分散组织所承担的风险。此外，演艺团体还可以聚焦于某些特殊的目标群体，如残障人士等，以此建立新的观众群。

目标市场的选择需要演艺团体充分考虑市场趋势与环境，从中得出是应该设定新的目标市场还是集中精力建设现有市场。例如，一家单一区域的乐团在近些年来一直没有吸引新的年轻的顾客出席，在做了市场调查后发现，固守原来的目标市场已经不能维持乐团的生存需求，因此乐团决定实行扩大市场策略，结果在三年内同类型观众的规模增长了一倍。这就是在选择目标时根据市场情况选择扩大目标的成功案例。

在选择目标市场时还应该遵循一些规律，比如，组织的资源越有限，选择区域的针对性越强；区域间的相似性越高，组织的产品差异性需求越弱；某些区域中已经有了占据市场的竞争者，组织就需要寻找其他可以介入的区域；等等。

三、定位节目

定位是指设计节目的形象与产品，以使它在目标顾客的心目中占据与众不同而且颇具价值的地位。正如广告大师艾尔·里斯和杰克·屈特所说："定位应该始于产品；但定位并不是你对产品做了什么，而是你对潜在顾客的想法做了什么。"在定位过程中，营销人员要选择一两个对于目标观众群最具吸引力的特征，建立与其相关的联想，使顾客对节目形成整体性的印象。定位的决策对于影响顾客的感觉以及选择十分重要，明确的定位策略也可以确保营销计划的各项要素具有一致性，可以互相支持。而且，有独特形象的节目，从长远角度来看，更有机会生存并且茁壮成长。

确立定位的切入点很多，比较常见的有基于个人魅力定位、基于节目安排定位、基于表演者定位、基于地点和设备定位、基于名声和形象定位、基于价格或品质定位、基于用途定位、基于产品使用者定位、基于产品种类定位、基于竞争者定位、基于各种特征定位等。在进行定位时需要注意四点：第一，演艺团体采取的所有措施、活动都要与其定位保持一致；第二，避免进入已饱和的市场，因为在这种市场中，演艺团体难以找到恰当的差异性定位；第三，避免强调对于目标观众不重要的特征，否则只会徒增成本，分散观众的注意力；第四，避免"近视型"定位，即避免把焦点过度集中在卖方所提供的事物上，而没有集中于消费者的需求上。

一种核心产品并非只有一种定位方式，尤其是属于精神文化产品的文化演艺，它的价值没有固定的衡量标准，因此可以根据不同的市场目标进行区别性的定位。在 1993 年的秋季，芝加哥交响乐团和美国国家交响乐团都以威尔第的《安魂曲》作为当季的开幕演出曲目。在芝加哥，音乐会所在的地点和氛围都显示出高档的气息，因此定价十分昂贵；而在华盛顿演出的《安魂曲》是为了纪念华盛顿特区因意外遭遇暴力伤害而亡故的儿童，音乐的表现对于那些新观众而言比较偏向于个人意义的层面，而且演出的票价也十分大众化，以广泛吸引华盛顿地区各种群体的参加。

四、演出制作与定价

（一）演出制作

演出制作是文化演艺市场营销中最复杂又最重要的环节，如果没有优质的演出内容，那么无论演艺市场营销的其他环节做得多么充分、引人注目，都不能长久地留住观众，维持市场的可持续发展。演出制作既要克服单纯以文化艺术为中心的倾向，避免出现阳春白雪、曲高和寡的局面；又要克服片面以消费者为中心的倾向，影响文化艺术产品的创新发展。这就需要演艺团体创造一个既有艺术价值，同时与组织的使命、能力、限制相符合，又能够反映社区需求与兴趣的节目，即于艺术、社会效益与组织利益三者之间寻求微妙的平衡。

演出制作的流程主要有三步。首先是确定节目的艺术风格。艺术风格是文化演出的轮廓、框架，一个演艺团体在制定节目前需要对演出的艺术风格进行大致规划，以确保节目制作的顺利进行。很多演出团体在经历长时间的经营、创作经验积累后，逐渐形成了自己独特的艺术风格。艺术风格的确定还要考虑组织的条件和制作能力，如果组织的资金和制作能力有限，就需要选择适用于小制作的节目，如古典歌剧、轻歌剧等；而有的组织本身拥有庞大的艺术人员和制作人员队伍，场地条件也比较优越，则可以制作大型歌剧。现代信息社会，人们总希望在短时期内能够欣赏到多种风格的节目，这对文化演艺市场提出了新的要求，演艺团体要尽可能地推出不同风格的节目，以吸引更多的观众群体。其次是确定节目的形式与内容。在确定节目时可以采用主题性的包装，这能使常态的表演变得有新意，使节目的设定更加具有吸引力。可以通过调节节目顺序，制造观众与陌生节目的接触机会，培养观众对陌生节目的艺术欣赏能力。在形式上，可以创造性地运用安排演出仪式、布置现场环境、举办节日庆典般的活动、运用多媒体现代科技等方式，使观众感受到不同寻常的氛围和体验。最后是确定节目的基本要素。演出的基本要素包括人员、时间和场所。艺术表演离不开演出者，在确定一场表演的演出者时，需要考虑他们的档期。由于演出者的演出需要消耗他们的艺术表演能力、体力，所以还需要考虑其恢复状态。一旦某个节目的主创人员确定后，剧院的节目制作部门就要根据事先已经确定的首演时间来安排制作和排练日程，该日程一般在节目首演一年前确定，称为年度日程表。随着时间的推移，准备和制作工作展开，在年度日程表的基础上，会相继制定出季度日程表、月日程表和周日程表。在经费预算协调一致后，就要进入节目的正式制作过程，其中包括布景、舞台、服装和道具、灯光的设计与制作，乐队、合唱队、独唱演员分头开始排练、合练，以及布景、道具、服装、灯光、音响全部到位正式排练，效果合成。

（二）定价

节目的定价也是文化演艺市场营销中非常重要的一环，不仅要满足普通百姓欣赏艺术的需要，还应引导观众珍惜欣赏艺术的机会。因此，票价要定到让每个有能力而且愿意支付此票价的人士，都能够欣赏到表演；同时，让真正想欣赏表演的人，也都能负担得起票价。演艺团体的理想是制定出可以吸引最多观众人数的票价。一项对美国交响乐团所做的控制条件下的实验结果发现，表演艺术的消费者通常不具有价格敏感性。实验结果显示，虽然当票价上升时，门票需求会降低，但这种降低幅度并不大，并且当票价上升到目前的两倍时，预计总收入不降反升，证明了组织确实存在将收入极大化的可能性。

定价策略分为两种。一是基于竞争对手的定价，即以竞争对手的价格而非以本身的成本或者需求为基准来制定价格。选择这种定价策略不仅因为行业的共同价格代表了已经被认同的、合理的价格，还能使消费者和竞争者对价格差异的反应难以预测。但由于产品的差异性有助于降低消费者对价格差异的敏感度，因此演出内容的差异性越大，组织决定自身价格的空间也就越大。二是差异性定价，即组织在成本没有显著差异的情况下，以两种或者更多的价格来出售其产品或服务。妥善使用不同的差异性定价策略，可以同时实现观众规模与收入的极大化。但是采取差异性定价也需要注意一些问题，比如差异性定价针对的不同区域要有实质性区别；享受低价位的区域不能转让给高价位区域；划分市场区域以及维持市场秩序的成本不可以超过由于价格差异产生的额外收益；差异性定价不能使消费者感到愤愤不平或是给他们留下不好的印象等。

五、广告、促销与公关

在这个商品富足的时代，“酒香也怕巷子深”，尤其是文化演艺产品，由于其非周期性的特点，更加需要广告、促销、公关等沟通手段，以便在观众群中引起关注、激发兴趣并促进销售。

（一）广告

广告分为告知型广告、说服型广告、提醒型广告、加强型广告，使用广告进行信息传送时需要明确目标客户是什么人，应该选择何种方式、何种媒体在何种时间之内完成才能发挥作用，并且期望获得什么样的反应。要用一针见血的文案对准目标客户的社会阶层，并且选择在最有可能接触到该目标客户的媒体上播出。例如，演唱会可在粉丝聚集的网络渠道上宣传；话剧可在报纸、全家皆宜的电视节目上做广告等。

制定广告策略要经过确定广告目标、拟定广告预算、设计信息、选定媒体、决定在媒体上播出的时间、评估广告效果等步骤。这一系列步骤中的每一环节都有很多细节需要注意。例如，同一个演出产品为了吸引不同的观众群（男性与女性观众），使用不同的广告，推出有针对性的广告方案。女性观众主要欣赏舞蹈者的高雅、美感与创意，因此在报纸的生活版上投放"高雅型"广告，而男性观众主要欣赏舞蹈者的运动之美，因此在报纸的体育版上投放"运动型"广告。但这种做法需要考虑刊登两则广告所增加的成本是否会被吸引到的额外观众带来的收益所抵消。这个案例显示了广告目标确定（男性和女性）、广告信息设计（"高雅型"和"运动型"广告）、广告媒体（报纸）和广告预算、广告效果评估（两个广告的成本是否值得）等问题的重要性。

除了使用大众媒体进行广告宣传，还可以选择直接营销，即向目标客户发送邮件、信函或电话营销。这种直接营销方式有很大的顾客选择性，更加个性化和直接化，能够在更为适当的时机接触目标客户，所获得的注意力也更集中。通过这种直接营销，组织能够更为精准地与目标客户建立良好的关系，有利于组织维护顾客数据库和营销接触名单。

（二）促销

促销是用于刺激目标市场做出较早或较强回应的短期性行为。营销人员在制订促销方案时需要考虑以下问题。一是采取促销手段的目的。组织的目的是提高上座率、吸引新顾客或者鼓励顾客尽早续购预售票，其相应使用的促销手段应不同。二是采取促销的具体形式。促销的具体形式与组织所希望达到的结果之间的关系越密切，对于目标实现就越有利。例如，比起赠送礼品，收集 5 张票可免费兑换一张门票的促销更有利于刺激观众增加出席的频率；样品可以避免观众对促销产生理所应当的习惯心理；在刺激短期的销售方面，价格包装比优惠券更有效。三是促销所提供的数量和持续时间。如果采取的促销刺激过少，会导致效果不明显；若过多又导致浪费。其正确的数量应该随着消费者的经济状况或兴趣的大小而变化，有节制、有限制地规定促销的时间和普及度。不同层面的市场需要采取不同的具体策略，以使不同市场之间不会互相影响。

（三）公关

公关的任务是形成、保持或者改变公众对于组织及其产品的态度，是对组织的目标、产品、形象和理念做系统的促销。随着广告成本的持续增长，能接触的观众人数却不断下降，科特勒预言，“不久的将来公关的效果必将会超过广告”。

公关活动可以分为三种类型。一是形象公关，包括使组织及其产品重获新生和重新定位的形象公关和建立消费者信心和信赖的形象公关。二是例行公关，包括介绍新产品、传达新利益点、广泛推广产品、培育新市场、接触潜在的目标市场，以及为当地观众量身定做营销方案。三是危机公关，形式灵活多样，可以在报纸的各版面刊登主题故事、创造与某话题相结合的专题报道、制作公益广告、发表演讲等。公关可以在低于广告成本的前提下给公众留下深刻印象，帮助艺术活动参与者理解艺术形式和产品，并向他们提供回应艺术的指引。

第四节　演出艺术创意衍生品开发

一、演出艺术创意衍生品概述

演出艺术创意衍生品是指通过对演出艺术产品进行加工、改编、设计、延伸等一系列创作和开发过程，使其具备商业可行性和附加价值，产生新的创造性产品，包括但不限于衍生品、周边产品、IP 授权或影视改编等。这些产品不仅延续了原有演出艺术产品的文化内涵，而且在商业化运作中具有更广泛的文化传承意义和经济利益，成为现代演出艺术产业不可或缺的一部分。演出艺术创意衍生品的开发不仅可以增加演出艺术产品的附加值，扩大演出艺术市场，还可以推动演出艺术产业与其他领域的融合和发展。

（一）类型

演出艺术创意衍生品按照不同的创作方式和产品形态可以分为多种类别，包括但不限于以下几种。

①周边产品：例如与演出艺术产品相关的衣物、文具、饰品、玩具、卡片等。

②剧本出版物：例如改编为小说、漫画书、杂志等的演出艺术产品的剧本。

③影视剧改编：例如将舞台剧、音乐剧等改编为电影、电视剧等影视产品。

④音像制品：例如演出艺术产品的录音、录像等。

⑤ 数字产品：例如在线游戏、虚拟现实等。

⑥ IP 授权衍生品：例如演出艺术产品授权的周边产品、卡通形象、游戏等。

⑦主题酒店和主题公园等旅游产品。

（二）特点

1. 文化内涵

演出艺术创意衍生品蕴含着演出艺术产品的文化内涵和艺术价值，是演出艺术产品的延伸和拓展。

2. 商业可行性

演出艺术创意衍生品以商业运作为前提，具备商业可行性，是增加演出艺术价值和文化影响力的重要途径。

3. 创新性

演出艺术创意衍生品具备创新性，因为它要通过艺术创作和设计实现对原有演出艺术产品的改编、加工和延伸等。这需要艺术家和设计师在原有产品的基础上进行创新，制造出具备尖端技术、独特形式和富有想象力的创意产品，从而吸引消费者的关注和购买。

4. 用户参与

演出艺术创意衍生品往往需要消费者的参与，例如与产品互动的游戏、个性化定制的产品等，这对于品牌传播和用户体验提升有很大的意义。

5. 品牌价值

演出艺术创意衍生品的商业价值不仅包括产品本身的利润，而且包括品牌价值的提升和企业形象的塑造。优质的演出艺术创意衍生品可以使品牌拥有更高的知名度和美誉度，推动演出艺术品牌向更多领域扩展，从而影响甚至塑造整个行业文化。

二、演出艺术创意衍生品开发过程

（一）市场调研和需求分析

市场调研和需求分析是演出艺术创意衍生品开发的一项基础工作，它能够为演出艺术创意衍生品的开发定位和细节把握提供重要支持，从而使演出艺术创意衍生品能够更加符合市场和消费者需求。市场调研和需求分析包含以下内容。

1. 调查目标市场

确定目标市场以及该市场的规模、消费群体等，了解该市场的发展趋势、竞争格局、市场需求等，为演出艺术创意衍生品开发提供定位依据。

2. 调查消费者需求

通过问卷调查、访谈等方式，了解消费者对演出艺术创意衍生品的需求和偏好，包括产品种类、价格、功能、设计、材料等，为制定演出艺术创意衍生品开发策略提供依据。

3. 监测行业动态

及时关注行业内其他企业的市场动态、产品特点和销售策略，了解演出艺术产业的发展趋势，发掘新的市场机遇点。

4. 竞争对手分析

了解竞争对手的产品特点、品牌形象、市场策略等，深入剖析其成功之处和不足，为制定演出艺术创意衍生品的差异化策略提供思路。

5. 产品测试和反馈

市场调研的最后一步是将原型或样本推向市场进行测试，收集消费者反馈和意见，了解演出艺术创意衍生品的优点和缺陷，为产品的完善和优化提供依据。

（二）产品开发方向的确定和产品设计

产品开发方向的确定和产品设计是演出艺术创意衍生品开发的重要环节，这需要通过调查市场和消费者需求，深入了解目标消费群体的趋势和偏好，从而进行合理的产品定位、产品设计和产品制作。同时，还需要在产品推广和营销方面下功夫，提高产品的知名度和美誉度，从而提高销售额和市场占有率。

1. 确定产品开发方向

在进行市场调研和需求分析后，根据消费者需求和市场趋势，确定演出艺术创意衍生品的具体产品开发方向。例如，可以选择开发与演出艺术产品相关的周边产品、音像制品、数字产品等。

2. 确定产品定位

确定产品定位，包括产品的目标消费群体、价格、品牌形象和设计风格等，为产品的研发和制作提供指导。

3. 产品设计

制订产品设计方案，包括字体、颜色、样式、材料、功能等，注重打造与演出艺术产品价值相吻合的产品特色，从而吸引目标消费群体的注意。

4. 产品制作

根据产品设计方案，进行产品制作和生产，确保产品的质量、风格、功能和品牌形象与设计方案保持一致，同时关注产品生产的成本和效益，保持产品的市场竞争力。

5. 产品推广

制订并执行推广计划，通过广告、促销、社交媒体等渠道进行推广营销，提高消费者认知度和购买意愿。

（三）产品制造和生产

演出艺术创意衍生品的产品制造和生产需要全方位的考虑和协调。在这个环节中，需要严格遵守质量标准和交货期限，可以快速解决生产过程中的问题，并不断提高企业的生产能力，才能获得消费者的认可和信任。

1. 原材料采购

根据产品设计方案，采购必要的原材料和配件，确保产品制造过程中原材料的质量和稳定性。

2. 生产计划

根据订单数量和交期，制订生产计划，合理分配生产资源，以确保生产任务按时完成，避免延误。

3. 生产流程和流程控制

建立生产流程并进行流程控制，充分利用生产设备和人力资源，确保生产过程中产品的质量和效率。

4. 产品质量控制

制定详细的产品质量控制标准和流程，监督生产过程中的工艺和产品质量，确保产品达到设计要求和市场需求，同时制定严格的质量控制标准来保障生产品质。

5. 包装和发货

在生产完成后，需要进行产品的包装和标识，设计和选择合适的包装和标识方式。根据订单安排发货，保证供货和交货期限。

6. 售后服务

提供完善的售后服务，包括退换货、维修、保修等。同时，收集顾客反馈和意见，优化产品设计、生产和售后服务。

（四）产品推广和市场营销

产品推广和市场营销是演出艺术创意衍生品开发的重要环节，需要全方位考虑和协调，包括深入了解目标消费群体、制订营销计划、制定市场推广策略、加强渠道建设、支持销售工作等。通过优秀的市场推广策略和良好的售后服务，不断壮大与完善企业的品牌形象和市场竞争力，提高产品的知名度和美誉度，从而提高销售额和市场占有率。

1. 深入了解目标消费群体

深入了解目标消费群体的行为和偏好，开发出线下和线上的营销手段。例如，面向年轻人的营销方式可以投放在音乐平台、短视频、博客等平台上。

2. 制订营销计划

根据产品开发方向、目标消费群体及市场需求，制订营销计划。通过广告、促销、社交媒体等渠道，吸引目标消费群体，提高消费者认知度和购买意愿。

3. 制定市场推广策略

根据产品特色、市场定位、竞争对手等因素，设计并执行推广计划，建立品牌形象，提高品牌知名度。例如，通过演唱会、影视剧、综艺节目等方式的杠杆效应，提升品牌整体销售水平。

4. 加强渠道建设

开发更多的销售渠道，例如线下店铺、网络销售、社交媒体带货等，加强与销售渠道的合作、协调和市场推广。

5. 支持销售工作

为销售人员提供必要的销售工具，并加强售后服务和开展促销、奖励计划等，为销售人员提供足够的动力和支持。

演出艺术创意衍生品开发对于演出艺术产业的发展具有重要意义。首先，演出艺术创意衍生品的开发可以拓展演出艺术市场，扩大演出艺术的受众群体，提高演出艺术的知名度和品牌形象。其次，演出艺术创意衍生品在演出艺术产业中占据重要地位，能够提高演出艺术的附加值和影响力，促进演出艺术产业的健康发展。再次，演出艺术创意衍生品的开发也能够促进演出艺术与其他产业的融合，开发出更多的艺术市场，激发艺术创新和创造。最后，演出艺术创意衍生品的开发可以拓宽艺术家和创作者的创作空间，提升其经济价值，开发他们的艺术创作潜力，同时也为演出艺术产业注入新的人才和动力。总体来讲，演出艺术创意衍生品开发在演出艺术产业的发展中具有举足轻重的作用，对于推动演出艺术产业的繁荣和创新具有深远的影响。

三、演出艺术创意衍生品开发策略

（一）差异化竞争优势的寻找

寻找差异化竞争优势是演出艺术创意衍生品开发过程中的一个重要流程。通过赋予产品独特性、艺术价值、品牌形象以及进行渠道建设，开发者可以建立起产品的品牌形象、创造出与众不同的产品，满足消费者需求，促进产品的销售和发展。

1. 独特性

演出艺术创意衍生品需要具有独特性，毕竟只有与众不同的产品才会被人们认可。这体现在设计理念、外观表现和创作手法等方面。

2. 艺术价值

作为演出艺术创意衍生品，艺术价值是衡量其创新性和吸引力的重要标准。演出艺术创意衍生品的艺术价值不仅要满足大众审美，也要契合消费者对演出艺术的审美偏好，此类偏好可通过融入原作元素得以体现和满足。

3. 品牌形象

品牌形象可以提升演出艺术创意衍生品的知名度和销售效果。品牌形象包括商标、标志、口号等标识，以及在消费者心目中树立的一种独特的形象。

4. 渠道建设

演出艺术创意衍生品还需要通过多渠道、多形式的营销方式以方便消费者购买产品。构建公共平台、开拓网络平台渠道、加大社交渠道营销的力度等，是提高产品知名度和市场占有率的必备手段。

（二）协同效应的发挥

协同效应的发挥同样是演出艺术创意衍生品开发中的一个重要方面。通过跨界合作、大众共享、艺术展览和线上线下互动等方式，开发者可以有效提升产品品牌知名度和市场占有率，并且与消费者建立起更加亲密的联系，在既有市场的基础上，不断挖掘演出艺术创意衍生品的新需求和新市场。

1. 跨界合作

演出艺术创意衍生品开发可以通过与相关行业的企业合作，催生一系列跨界项目，如舞台表演、多场地展览活动等，形成新的消费休闲模式，并快速提高产品品牌知名度，扩大市场销售份额。

2. 大众共享

大众共享是演出艺术创意衍生品开发中的另一种助力形式。演出艺术创意衍生品开发需要在避免过度商业化的前提下，积极推广产品，并定期推出对消费者具有吸引力的优惠政策和各类联合促销活动。

3. 艺术展览

演出艺术创意衍生品开发可以通过组织艺术展览等方式，增加消费者的接触渠道，并提升其欣赏体验，展现本行业的文化底蕴，进而不断扩大市场影响力，促进演出艺术与创意衍生品之间的转化和流通。

4. 线上线下互动

线上线下互动可以让演出艺术创意衍生品与消费者之间建立一种更加亲密的联系。例如开发者可以通过社交媒体平台、各类短视频平台等与消费者进行互动，引导消费者进入线下体验。

（三）消费者体验和社交媒体营销

消费者体验和社交媒体营销是演出艺术创意衍生品开发中非常重要的一部分。通过提供优质的消费者体验、更好地利用社交媒体平台、借助社交媒体挖掘受众特征，以及提供多样化的购买渠道等手段，可以提高产品的知名度和品牌影响力，创造更多的销售机会，促进演出艺术创意衍生品市场的蓬勃发展和壮大。

1. 提供优质的消费者体验

在演出艺术创意衍生品的开发中，提供高质量、有价值的产品是基本前提。此外，还需要关注产品外观、包装设计等细节，打造独特的品牌形象，希望能够给消费者提供愉悦、有意义的购物体验。

2. 更好地利用社交媒体平台

社交媒体已经成为当下的流行风尚，可以轻松地吸引潜在消费者的注意力并与他们建立联系。借助社交媒体平台，演出艺术创意衍生品开发者可以对产品进行宣传、介绍，收集用户评价，并且可以与粉丝团体建立更加亲密的关系。

3. 借助社交媒体挖掘受众特征

借助社交媒体平台，开发者可以了解购买他们的创意衍生品的目标消费群体的特征和行业趋势，以进一步提升产品的推广效果和受欢迎程度。

4. 提供多样化的购买渠道

便捷的购物体验和方便的购买渠道可以吸引更多的消费者把目光转向创意衍生品。除了传统的线下商店，还应当在多个平台开设自营官网，多渠道销售衍生品，以拓宽销售渠道，更好地销售产品。

四、演出艺术创意衍生品保护与管理

演出艺术创意衍生品保护与管理是演出艺术创意衍生品开发中不容忽视的一部分。开发者需要注意保护知识产权和版权，防止其他企业模仿和侵权，同时加强商业保险，保证产品达到统一标准，提高市场认可度。

（一）专利申请

对于演出艺术创意衍生品中的创新性设计，如独特的产品造型、创作手法和技术、纹样等，需要尽可能地保护。因此，要及时申请专利，防止他人抄袭和侵犯自己的知识产权。

（二）商标注册

对于演出艺术创意衍生品，品牌形象是非常重要的，需要进行商标注册，提升知名度，以防止商品被竞争者抄袭或模仿，影响到消费者的权益。

（三）著作权登记

对于演出艺术创意衍生品的原著部分，需要进行著作权登记。这样可以维护演出艺术创意衍生品的版权和著作权，并在面临侵权时能够依法维权。

（四）商业保险

在演出艺术创意衍生品开发的过程中，如有不可抗力导致生产活动中出现损失，如交通意外、自然灾害等，都会影响产品品质和产量。因此，需要加强商业保险，对产品相关的风险进行评估和防范。

（五）授权合作

创意授权合作指的是将创意授权给他人使用并获得利润的过程，主要是建立起一种可以进行资源共享的合作方式，提高产品产量和质量。在此过程中，双方需要关注合作伙伴的法律问题，保护产品知识产权。

1. 合同签署

在授权合作过程中，需要签署授权合同，明确双方权利和义务，规定产品成本和分成比例等，以确保该合作关系的正常进行。如需要明确授权方式，双方在产品开发销售过程中须遵守的规则等。

2. 知名品牌授权合作

在授权合作的过程中，可以选择与知名品牌合作，将该品牌的品牌形象融入演出艺术创意衍生品中来，并吸引其用户群。这样可以提高产品的市场认知度和销售量，有助于完成品牌升级等战略性目标。

3. 品质保障

在授权合作中，需要双方共同对产品进行严格的品质检测，确保产品质量稳定且可持续。在生产过程中，可以采用生产线自检或抽样检测等技术手段，在品质管理和供应链中施加更多控制，以确保产品的标准化和稳定性。

第五章 演艺业的投融资机制

国内所称的演艺业，在国外一般分为表演艺术和娱乐产业两部分。前者如交响乐、芭蕾和歌剧等，后者如音乐剧、流行歌曲等，它们的运营方式很不相同，从事表演艺术的主体一般为非营利性组织，从事娱乐产业的则往往为营利性组织。营利性组织要依法经营、照章纳税，一般不得接受捐赠与赞助，其经营目的是追求股东利益最大化；非营利性组织可以接受捐赠和赞助，享受规定的税收优惠政策，经营盈余不能用于分配。表演艺术行业非营利性组织存在的目的，在于普及艺术、提高公民文化素养及培育未来市场，并缓解市场失灵。

第一节 演艺业的投融资概述

一、基本概念

（一）演艺业投资

演艺业投资是指投资者将资本投入演艺业领域以获取利润的过程。以投资者是否直接参与经营为标准，演艺业的投资活动分为直接投资和间接投资。前者是直接进行或参与生产经营管理的投资，如直接出资控股文化公司；后者则对企业资产及其经营没有直接的所有权和控制权，其目的只是为获取资本收益或保值，如购买文化公司债券等。

（二）演艺业融资

演艺业融资是指演艺业主体的资金筹集行为和过程。

演艺业融资可分为债务性融资和股权性融资两类。债务性融资构成负债，企业要按期偿还约定的本息，债权人不参与企业的经营决策，对资金的使用也没有决策权；股权性融资构成企业的自有资金，投资者有权参与企业的经营决策，有权获得企业的红利，但无权撤走资金。

（三）演艺业投资与融资的关系

演艺业的投资和融资之间是对立统一的关系。对演艺业的投资对应于演艺业主体的融资，演艺业主体要实现成功融资就必须获得社会资金的投资。

以银行资金为例，文化企业向银行借贷是文化企业的融资行为，同时也是银行的投资行为，该投融资行为实质上是银行的间接投资，也是文化企业的债务性融资。

二、演艺业投融资的特点

演艺业投融资的特点主要有高风险性、高回报性、高时效性及高集中性等。高风险性指演艺产业受到市场、观众口味、政策等多种因素的影响，具有很大的不确定性。因此，投资演艺产业需要考虑该因素，并采取相应的风险管理措施来降低风险。高回报性指成功的演艺产品往往能够获得较高的票房和口碑，从而为投资者带来可观的收益。高时效性指演艺产品需要在特定的时间段内推出，否则很可能会失去市场和观众的关注。因此，演艺业投融资需要考虑时间因素，并制订相应的计划和策略。高集中性指演艺产业是一个高度集中的产业，少数几家大型企业和机构占据了市场的大部分份额。因此，投融资也往往集中在这些大型企业和机构中，而中小型企业和机构需要更加努力地拓展市场和资源。

此外，演艺产业的投融资模式也具有其特点。一方面，演艺产业需要资金支持的环节很多，包括剧本创作、排练演出、市场营销等环节。这些环节都需要投入大量的资金和资源，但每个环节的收益和风险都不同，因此需要采取不同的投融资策略。另一方面，演艺产业的收益来源也多样化，包括票房收入、版权收入、广告收入等。这些收益来源的风险和收益也各不相同，因此需要针对不同的收益来源采取不同的投融资策略。

总之，演艺业投融资需要考虑多种因素和特点，同时需要采取相应的风险管理措施和投融资策略来降低风险和提高收益。

三、我国演艺业投融资的发展

我国演艺业投融资发展历史可以追溯到 20 世纪 80 年代。当时，随着改革开放的深入，我国经济开始快速发展，人们生活水平也不断提高，对文化和娱乐的需求逐渐增加。在此背景下，我国演艺业开始逐渐市场化，投融资也开始逐渐兴起。

在早期，我国演艺业投融资主要由政府主导，资金主要来源于政府财政补贴。这些资金被用于支持各类文艺团体、剧场、剧院等演艺机构的建设和运营。这一时期的投融资模式相对单一，市场化程度较低。

进入 21 世纪后，随着我国经济的快速发展和市场化改革的不断深入，越来越多的社会资本开始进入演艺产业，投融资渠道也逐渐变得多元化。

同时，政府对演艺产业的扶持力度也不断加大，通过设立专项资金、提供税收优惠等措施鼓励企业和个人投资演艺产业。这一时期，我国演艺产业开始逐渐形成“政府引导、市场运作、社会参与”的投融资模式。

近几年来，随着数字技术和互联网技术的快速发展，互联网思维和金融创新也开始与演艺产业融合，催生出一系列新的投融资模式和业态。例如，在线票务平台、互联网演艺平台等新业态不断涌现，为演艺业投融资提供了更多的选择和机会。

目前，我国演艺业投融资现状呈现出投融资事件数量整体下降的趋势。这一现象可能与市场饱和度逐渐提高、行业监管趋严以及资金流向转变等因素有关。

演艺业投融资的影响因素主要来自政策、市场和资本等三个层面。在政策层面，国家对演艺产业的支持力度不断加大，为演艺产业的发展提供了保障。然而，政策的制定与落实仍存在不足，对于演艺产业的发展推动力度不够，导致演艺产业的发展缓慢。在市场层面，随着演艺市场的发展，演艺业投资的风险不断增加，市场主体不明确，投融资项目评估、担保等环节存在不足，缺乏规范化、透明化的运作机制，这些问题都限制了演艺业投融资的发展。在资本层面，由于投资渠道单一，资金来源有限，缺乏多元化的投资渠道和资金来源，这使得演艺业投融资面临资金短缺的困境。

总之，在演艺业投融资呈现出整体下降的趋势下，要促进演艺产业的持续发展，需要政府、市场和资本等三个层面的协同努力。政府需要进一步加大政策扶持力度，完善相关法规和政策，为演艺产业的发展提供更加稳定和可靠的政策环境。市场需要建立更加规范和透明的运作机制，加强市场监管和风险管理，提高市场主体的投融资能力和风险意识。资本需要积极拓展多元化的投资渠道和资金来源，鼓励社会资本进入演艺产业，提高投融资能力和专业化水平。只有这样，才能有效地推动我国演艺产业的健康发展。

第二节 国内外演出的资金来源

一、国外演出的资金来源

（一）政府支持与补贴

许多国家的政府将文化产业视为重要的经济和社会领域，通过设立专项资金、税收优惠、直接拨款等方式支持本国的演出艺术团体和文化机构。例如，英国皇家莎士比亚剧团作为英格兰艺术委员会给予财政支持的六大国家艺术团体之一，每年从该委员会获得大量资金用于剧团的运营和发展。

（二）商业演出与票房收入

与国内类似，国外商业演出的票房收入也是重要资金来源。知名艺术家的音乐会、大型歌剧、芭蕾舞演出等都能吸引大量观众购票观看，为演出方带来可观的收入。同时，国外演出市场在票务营销、观众拓展等方面也较为成熟，通过多元化的销售渠道和会员制度等提高票房收入。

（三）企业赞助与合作

企业与演出项目的合作在国外也很常见。企业通过赞助演出获得品牌推广和商业合作机会，同时也为演出提供了资金支持。此外，一些跨国企业还会在全球范围内赞助文化交流活动和艺术演出，以提升企业的国际形象。

（四）基金会与慈善组织的资助

国外的基金会和慈善组织在文化艺术领域发挥着重要作用，它们会为优秀的演出项目、艺术家创作以及文化传承等提供资金支持。这些组织通常有明确的资助方向和申请流程，演出方需要根据自身项目特点和需求进行申请。

（五）旅游与文化产业融合收入

在一些文化旅游胜地或城市，演出活动与当地旅游业紧密结合，通过游客的参与和消费为演出带来收入。例如，美国纽约百老汇的音乐剧吸引了大量来自世界各地的游客，成为当地旅游业的重要组成部分，带动了周边酒店、餐饮、购物等相关产业的发展，同时也为演出方带来了额外的收入来源。

二、国内演出的资金来源

（一）政府资助

政府会通过财政拨款、专项基金等形式支持文艺演出，包括对国有文艺院团的扶持、重大文化活动的资助以及对特定题材或具有艺术价值演出项目的补贴等。如国家艺术基金对各类优秀舞台艺术产品的创作、演出和传播给予资金支持；上海文化发展基金，对演艺产业的原创产品创作和演出等进行资助。此外，还有像“大美晋江”文化惠民演出补助资金，对引进国内外表演团队演出以及本地表演团体的演出等给予不同标准的补助。

（二）演出票房收入

演出票房收入是演出方最主要的收入来源之一。通过销售演出门票，根据不同座位区域、演出场次等因素制定票价，获得相应的票款收入。热门演唱会、话剧、音乐剧等商业演出通常票房收入较高。

（三）企业赞助

企业为了提升自身品牌形象、进行广告宣传或履行社会责任，会以资金、物资或服务等形式赞助演出活动。赞助形式包括冠名赞助、指定产品赞助等，如一些企业在体育赛事、文艺晚会等活动中提供资金支持并获得相应的品牌曝光机会。

（四）社会捐赠

一些公益性质的演出项目或文化艺术机构会接收来自个人、基金会或其他社会组织的捐赠，以筹集演出经费。这些捐赠可能是出于对艺术的支持、对社会公益事业的贡献等目的。

（五）衍生产品开发与销售

围绕演出内容开发相关的衍生产品，如海报、明信片、纪念品、音像制品等，并在演出场地周边或线上平台进行销售，从而增加收入来源。例如，热门演唱会的T恤、徽章等周边产品往往能获得不错的销售额。

第三节　演艺业投融资的风险分析

经济学界所称的演艺业是指凭借表演艺术以获取经济报酬的艺术工作者及其相关从业者所构成的行业，其市场是商品经济条件下表演艺术生存和发展要求的必然产物。产业金融可以通过优化内源性融资效率和扩大外源性融资规模两种方式来优化产业结构、促进产业升级，从而推动经济发展。一般来说，产业金融所依托的特定产业本身在国民经济中处于特殊地位，比如主导产业、支柱产业或新兴产业。中国演艺业在建设文化强国、全面深化改革和经济发展新常态的背景中赢得了与金融融合的良机以及产业金融支持政策。如前文所述，演艺业投融资具有高风险性、高集中性、高时效性和高回报性的特点，其风险管理的思路主要是准确识别、科学评估风险并采取相应对策。

一、准确识别演艺业投融资风险

演艺业投融资活动包括签订投融资协议、资金投入以及融资企业通过演艺产品的生产销售最终将收益返还给投资方等环节。其中任何一个环节出了问题，都有可能导致投资方的投资收益无法按期收回。如果投资方采取一些不恰当行动的话，则会导致投融资活动无法按照预先双方认为理想的方式继续进行，从而带来相应的不确定性。上述完整的演艺业投融资活动中可能出现变动，并给投融资活动带来的不确定性即演艺业投融资的风险。投融资过程中最常见的风险有如下六类。

（一）技术风险

技术风险源于两个方面：技术难度和完工难度。演艺产业是一个创意密集型产业。从创意本身的产生，到形成完整的演艺产品，再到能够呈现在消费者面前，整个过程受诸多不确定的主客观因素的影响，因而具有风险性。另外，以音乐会为代表的现场演出，天气、技术等方面的不利因素会使得原本设计得比较完善的演奏计划无法实施，从而影响演出效果，严重时会导致演出被迫中断。这些风险因素一旦发生作用，演艺产品的生产消费就无法完成，相应的融资效益自然会受到不同程度的影响。投资大型演出项目时，不仅面临来自演艺创作方面的风险，还要注意演出过程中涉及的舞台搭建、舞台设备生产等环节带来的技术风险。

（二）市场风险

演艺产品在推向市场后面临市场接受能力以及抵御竞争者能力等方面导致的不确定的风险。首先是市场接受能力导致的风险。演艺产品的独特性和新颖性是其具有生命力的重要前提，该特征也决定了消费者在决定购买此类新产品之前存在一个从熟悉到认可的过程。实际上，演艺产品的生产是在一定的市场需求预测水平上所进行的，而这种对市场接受新演艺产品的程度和数量的预测与实际情况的差距会带来市场接受能力风险。由于演艺产业是一个主观因素较强的产业，演出市场是一个艺术创作者与艺术欣赏者互动的市场。获得观众的认可是演出成功的决定因素，演出产品的创作者也应对社会环境、观众心理、区域文化等有很准确的判断。这就使得演艺产业的融资效益受到创作者主观判断的影响。其次是来自竞争者的风险。虽然演艺产品的内容较为新颖，在开发过程中存在一定难度，但是当新产品上市后，其获得成功的模式容易被竞争者复制甚至替代，这在一定程度上影响了开发者的收益。在抵御竞争者方面，演艺产业需要处理两种竞争问题：一是来自文化产业内部其他门类活动的竞争，二是演艺产业内部企业之间的竞争。

（三）管理风险

管理风险主要指因演艺产业组织机构不健全、决策机制不合理、管理者水平低下所导致的决策风险与操作风险。当前演艺产业的发展环境经历重大变革，演出院团正在进行大规模转企改制。在这一背景下，很多演艺企业缺乏有效应对市场需求的管理经验、管理人才和管理机制，从而造成管理风险在当下演艺业投融资活动中的表现较为突出。投资演出企业所面临的风险不只是演出产品，被投资演出企业的经营管理风险以及财务风险也是投资风险的主要来源之一。经营管理风险主要来自企业管理制度上的缺陷、管理者自身能力不足等方面；财务风险主要是企业经营者对财务、资金方面的运作和规律缺乏认识，导致做出错误的决定，从而使企业面临资金紧张、财务周转困难的局面。

（四）信用风险

演艺业投融资活动中涉及的信用风险主要是指投资方能力或意愿的原因导致资金不能按照原有的投融资合约到位，从而给融资企业带来的不确定性。信用风险指的是投融资双方中任何一方违反投融资合约、不履行合约义务所带来的风险，目前主要表现为融资方承担的信用风险。演艺产业“轻资产多，硬资产少”、可抵押性弱的特点导致其在投融资活动中很难建立良好的企业信用形象，这在中小演艺企业中表现得尤为突出。由于演艺产业本身在进行生产活动时具有投资的集中性和产品时效性强等特点，因而对于资金按照合约规定按进度到位有着比较高的要求。一旦由于经济发展的宏观原因或是投资方自身的客观原因导致资金不能如期到位，演艺企业将面临利益损失的风险。

（五）金融风险

金融风险是指由于金融市场各种价格变动对于演艺业投融资活动所带来的不确定性。当市场利率发生变动时，投资方的投资机会成本就会发生变化，导致其预期收益水平发生波动；融资方的融资机会成本也会发生变动，导致预期利润率的改变。此外，汇率水平、物价水平等金融价格的波动都会给投融资双方的预期回报产生影响。在中国的经济体制改革向纵深发展的大背景下，市场配置资源的决定性地位将进一步凸显，而市场价格通过自身波动来发挥信号作用的方式也将成为经济生活的常态。这些市场价格对于演艺产业的企业来说，能够产生较大影响的主要有三项。一是利率，利率是企业的融资价格，其水平的高低直接影响演艺企业的获利能力。二是物价水平，一般物价水平的高低会直接影响演艺企业的经营成本。三是汇率，如果融资活动或者演艺活动涉及外地居民，汇率风险就可能会出现。这样，资金来源与资金使用的币种不匹配就会带来汇率风险。

（六）政治风险

演艺产品中包含着很多意识形态因素，会对消费者的世界观、人生观、价值观产生不同程度的影响。任何一个社会都有主流的意识形态、核心价值观和主旋律。如果一个演艺产品中的内容触及意识形态底线，必然面临政治风险。这样的事件一旦发生，相应的融资收回几乎是不可能的。但是在演艺市场中，由于盲目跟风而产出内涵低俗的演艺产品，或是聘请的主要演员因故不能上台表演从而给演艺企业带来损失的案例仍有发生。文化内容的假、恶、丑给演艺业投融资带来的风险不可忽视。

二、科学评估演艺业投融资风险

风险评估是一个对信息和技术要求都比较强的环节，量化型的风险评估尤其如此。对于演艺产业来说，一方面，完整收集风险信息的成本很高；另一方面，产业发展处于以中小企业为主、规模化企业较少的初期发展水平，缺乏系统全面的数据积累，因此风险评估可以通过一定方法将定性分析转化为定量评价。模糊综合评判法是比较符合我们要求的风险评估方法，该方法可通过以下几个步骤完成。

（一）确定风险因素集

在演艺业投融资风险评估的初步阶段，企业需要全面而细致地识别可能存在的风险因素。这些风险因素包括但不限于技术风险、市场风险、管理风险、政治风险等。技术风险可能涉及演艺项目的技术实现难度、技术更新换代的快速性等；市场风险可能涉及观众需求的变化、市场竞争的激烈程度等；管理风险可能涉及项目团队的执行力、内部协调等；政治风险可能涉及政策变动对项目的影响。

（二）确定风险因素的权重

在识别出风险因素之后，企业需要对这些风险因素进行权重分配。权重的确定并非随意，而是需要根据每个风险因素对演艺业投融资风险的实际影响程度来科学设定。这可以通过专家打分法、层次分析法等方法来实现。专家打分法可以通过邀请行业专家对各因素进行打分，然后取平均值或加权平均值来确定权重；层次分析法则可以通过构建层次结构模型，运用数学方法进行权重计算。

（三）设定备择评语

备择评语是对各风险因素可能出现的状况的描述，是企业进行风险评估的基础。备择评语应当具有明确性、可操作性和可比性，能够准确反映风险因素的实际状况。一般来说，备择评语可以设定为低风险、较低风险、中等风险、较高风险和高风险等五个等级，以便我们更好地理解和评估风险。

（四）建立评判矩阵

建立评判矩阵是模糊综合评判的关键步骤。评判矩阵是风险因素与备择评语之间的对应关系，通过对比每个风险因素与备择评语的匹配程度，我们可以构建出一个完整的评判矩阵。这个评判矩阵将为我们提供一个清晰的视角，让我们能够全面了解每个风险因素在不同评语下的分布情况。

（五）进行模糊综合评判

最后，我们需要利用模糊数学原理，将风险因素的权重与评判矩阵进行运算，得到最终的风险评估结果。这个过程可以帮助我们综合考虑各个风险因素及其权重，从而得出一个全面、客观的风险评估结果。通过模糊综合评判，我们可以更准确地把握演艺业投融资风险，为投资决策提供有力支持。

此外，为了不断提高风险评估的准确性和有效性，企业还需要在实践中不断总结经验，完善评估方法，提高评估人员的专业素养。同时，企业还应关注行业动态和市场变化，及时调整评估策略和方法，以适应不断变化的市场环境。

第四节　文化艺术类基金会

一、常见的文化艺术类基金会

文化艺术类基金会（简称“基金会”）是指致力于文化艺术事业发展的非营利性组织。以下是一些常见的文化艺术类基金会。

中国文学艺术基金会成立于 1994 年，是由中国文学艺术界联合会主管，在国家民政部注册的社会团体。该基金会广泛争取海内外热爱和关心中华民族文化艺术的团体、企业和个人的支持与捐赠，资助精品文艺项目创作工程、培养优秀文艺人才、资助国内外文化艺术交流合作活动、扶持多元文化发展等。

北京故宫文物保护基金会成立于 2010 年，是由故宫博物院发起并成立的公益基金会，旨在为保护世界文化遗产、弘扬中华优秀传统文化、促进社会公益事业发展做出贡献。

中华文化促进会成立于 1992 年，是由海内外热心于中华文化事业的团体和个人自愿结成的全国性、非营利性社会组织。其宗旨是弘扬中华文化、促进国际交流，通过开展各项活动和资助文化项目，推动中华文化的传承和创新，增进国际文化交流与合作。

中国电影基金会成立于1995年，是由中国电影界人士自愿结成的全国性、非营利性社会组织。该基金会的宗旨是推动中国电影事业的发展，提高电影质量和水平，促进社会文化繁荣。

中国民族文化艺术基金会成立于1989年，是以保护和传承中国民族优秀文化艺术遗产为宗旨的非营利性组织。该基金会致力于资助各类民族文化艺术的保护项目、支持优秀民族文艺产品的创作和推广、开展民族文化艺术交流与合作等。

以上只是文化艺术类基金会中的一部分。这些基金会通过筹集资金、组织活动、提供资助等方式，为推动文化艺术事业的发展做出了积极贡献。

二、文化艺术类基金会的功能

文化艺术类基金会的主要职责之一是资助精品文艺项目创作工程，包括艺术展览、艺术研究、艺术保护、艺术收藏等方面的项目，并对优秀项目进行经费支持。它们不仅提供资金支持，还在技术上为这些项目提供帮助。此外，基金会也致力于培养优秀文艺人才，通过设立奖学金、组织培训等方式，为文化艺术领域注入新的活力。

文化艺术类基金会致力于推动国内外文化艺术交流与合作活动，资助文化艺术代表团进行互访，举办各类文化交流活动，以及支持海外巡回演出等。这些活动不仅有助于增进中国文学艺术界的国际交流，推动中国文化艺术“走出去”，还能引进外来优秀文化产品，丰富国内的文化艺术市场。

基金会关注非物质文化遗产的保护与传承，对老、少、边、穷地区文化艺术事业提供资助。这些工作不仅有助于维护和保存中华民族的文化遗产，也能推动文化艺术的多元发展。

基金会还开展有益于社会、有益于人民生活的文化活动，如公益讲座、艺术展览、演出等，这些活动能够提升公众对文化艺术的认识和欣赏水平，促进中国文化艺术事业的繁荣与发展。

三、文化艺术类基金会对演艺业的影响

（一）资金支持

文化艺术类基金会对演艺项目提供资金支持，包括制作成本、演出费用、研究人员和艺术创作者的薪酬等。这对于促进演艺业的发展和推出优秀的艺术产品起到了重要的作用。

（二）推动创新

文化艺术类基金会通过资助创新型的演艺项目，推动艺术创新和实验。这些项目可能包括在新的剧目创作、导演手法、舞美设计等方面的探索，有助于拓展演艺艺术的边界和推动行业的进步。

（三）培养人才

文化艺术类基金会通过设立奖学金、艺术家驻留计划等方式，为演艺人才的培养和发展提供支持。这些资助不仅可以帮助年轻艺术创作者完成学业、提高技艺，还可以吸引国际上优秀的演艺人才来华发展。

（四）提高国际影响力

文化艺术类基金会在国际上享有较高的声誉和影响力，通过资助和举

办国际演艺活动、艺术节等，为中外文化交流搭建了桥梁。这有助于提高中国演艺业的国际知名度和影响力。

（五）引领行业标准

文化艺术类基金会通常具有专业的评审团队和规范的资金使用流程，其资助的项目和活动往往能够引领行业的标准和品质。这些基金会对演艺业的发展起到了一定的引领和示范作用，推动了整个行业的进步。

总体而言，文化艺术类基金会对演艺业的影响主要体现在资金支持、推动创新、培养人才、提高国际影响力和引领行业标准等方面。基金会在推动演艺产业的繁荣和发展方面发挥了积极的作用。

第五节　演艺业投融资的启示

一、演艺业投融资对演艺产业发展的影响

演艺业投融资对演艺产业发展具有重要的影响。通过有效的投融资政策和市场机制，可以促进演艺产业升级和创新、提升演艺企业竞争力、推动文化产业繁荣发展。这将有助于实现中国演艺业的高质量发展，进一步提升中国文化的国际影响力。

一是促进演艺产业升级与创新。演艺业投融资不仅可以为演艺企业提供资金支持，还可以通过引入先进的技术和管理经验，促进产业的升级和创新。例如，通过引进国际先进的舞台技术、高清影像技术等，可以提升中国演艺业的整体技术水平，推动演艺产业的升级和创新，进一步增强演艺业的竞争力。

二是提升演艺企业竞争力。演艺业投融资可以为演艺企业提供资金支持，帮助企业拓展业务、提高产品质量和创新能力，进一步提升企业的核心竞争力。例如，通过投融资支持，演艺企业可以加大对新剧目、新技术的研发投入，提高产品质量和差异性，增强自身的市场竞争力，从而获得更多的市场份额。

三是推动文化产业繁荣发展。演艺业作为文化产业的重要组成部分，其投融资的发展可以直接推动文化产业的繁荣发展。通过为演艺企业提供资金支持，可以促进演艺企业的快速发展，从而为文化产业注入新的活力。同时，演艺业的投融资也可以带动相关产业的发展，如旅游、教育培训等，进一步推动文化产业的多元化发展。

二、演艺业投融资对社会的影响

演艺业投融资对社会的影响是多方面的。通过优化社会资源配置、助力经济发展与促进就业、丰富人民群众文化生活等途径，演艺业投融资可以为社会的繁荣发展做出积极贡献。

一是优化社会资源配置。演艺业投融资可以通过优化社会资源配置，提高整体经济效率。在演艺业中，投融资可以在需求和供给之间架起桥梁，将更多的资金和资源引入高效率、有潜力的项目和企业中，从而实现资源的优化配置。通过投融资的作用，演艺业可以更好地发挥市场机制，推动文化产业与相关产业的融合发展，提高整体经济的运行效率。

二是助力经济发展与促进就业。演艺业投融资可以助力经济发展与就业增长。一方面，通过投融资支持，演艺业可以加快发展速度，提高产业规模，为经济增长注入新的动力。另一方面，演艺业的发展也会带动相关产业的发展，如文化旅游、文化创意等，进一步扩大市场规模，提供更多的就业机会。

三是丰富人民群众文化生活。演艺业投融资可以丰富人民群众的文化生活。通过投融资支持，演艺企业可以推出更多优质的剧目、影视产品等，满足人民群众日益增长的文化需求。同时，演艺业的发展也可以带动营造浓厚的文化氛围，促进文化消费，进一步丰富人民群众的文化生活，提高国民素质和文化素养。

三、演艺业投融资存在的问题及建议

（一）演艺业投融资的问题

1. 政策方面

（1）政策支持力度不足

关于政策支持力度不足的问题，虽然国家对于文化产业整体有着一系列扶持政策，但在演艺业这一细分领域上，政策的针对性和精细化程度仍有待提高。例如，对于中小型演艺企业或新兴演艺项目的扶持力度明显不足，这使得这些企业和项目在起步阶段就面临资金短缺和市场竞争的双重压力。此外，对于演艺业创新发展的支持政策也相对缺乏，这制约了演艺业在内容创新、技术革新等方面的进步。

（2）政策落实存在难度

即使有相关政策出台，但在实际执行过程中往往存在诸多障碍。例如，政策宣传不到位，导致演艺业从业者对政策了解不足；政策执行力度不够，使得一些优惠政策难以真正落地。这要求政府在制定政策的同时，也要注重政策的宣传和执行，确保政策能够真正惠及演艺业。

（3）政策与市场需求之间存在一定的脱节

演艺业的发展受到市场需求、观众喜好等多种因素的影响，而政策的制定往往难以完全跟上市场的变化。这可能导致政策与市场需求之间存在不匹配的情况，从而影响演艺业的发展。因此，政府在制定政策时需要更加关注市场需求和行业动态，确保政策能够与时俱进。

（4）政策对于演艺业投融资的引导和支持还需要加强

演艺业投融资需要政府提供一系列的引导和支持措施，如设立专项基金、提供税收优惠、降低融资门槛等。然而，目前这些方面的政策还不够完善，需要政府进一步加大力度，为演艺业投融资创造更加有利的环境。

2. 市场方面

（1）市场发育不成熟

演艺市场尚未形成完善的产业链和市场规模，市场发育程度相对较低。这导致演艺项目的市场推广和营销难度加大，也影响了投资者的投资意愿。为了促进市场的发展和成熟，演艺业需要积极推动产业链的完善和市场规模的扩大。通过加强与其他文化产业的合作与联动，形成更加完整、高效的产业链；同时，还需要加强市场推广和品牌建设，提高演艺项目的知名度和影响力。

（2）投资回报不确定性高

演艺项目的投资回报往往受到多种因素的影响，如市场需求、观众喜好、竞争对手等。这使得投资者在评估演艺项目时难以准确预测其未来的收益情况，增加了投资风险。为了降低投资风险，投资者需要加强对演艺项目的市场调研和风险评估，以便更准确地把握市场需求和项目前景。同时，演艺业也需要通过提升项目质量、优化市场策略等方式来提高项目的营利能力和市场竞争力。

3. 企业方面

（1）风险评估机制不完善

目前，演艺业尚未建立起完善的风险评估机制，对于项目的风险评估往往依赖于主观判断和经验。这导致投融资双方在决策过程中缺乏科学、客观的依据，增加了风险。为了完善风险评估机制，演艺业需要加强对项目可行性、市场前景、风险控制等方面的研究和分析，建立起一套科学、系统的风险评估体系。同时，还需要加强行业内的信息共享和协作，以便更好地识别和应对潜在风险。

（2）融资渠道有限

演艺业在融资方面往往面临融资渠道单一的问题。传统的银行贷款和政府补贴虽然可以提供一定的资金支持，但往往难以满足演艺业巨大的资金需求。此外，这些融资渠道还受到政策、审批流程、额度限制等因素的影响，使得演艺业在寻求资金支持时面临诸多困难。为了拓展融资渠道，演艺业需要积极探索多元化的融资方式，如吸引社会资本、发行债券、股权融资等，以降低对单一融资渠道的依赖。

（3）专业人才缺乏

演艺业投融资需要既懂艺术又懂金融的复合型人才，但目前市场上这类人才相对匮乏。这导致演艺业在投融资过程中往往难以找到合适的合作伙伴，也影响了项目的推进和实施。为了解决这个问题，演艺业需要积极引进和培养专业人才。通过加强与相关院校和机构的合作与交流，建立人才培养和引进机制；同时，还需要加强对现有从业人员的培训，提高他们的专业素养和综合能力。

（二）演艺业投融资的建议

1. 政策层面

（1）加大政策支持力度

为了有效支持演艺业的发展，需要出台更具针对性的政策。特别是对于中小型演艺企业和新兴演艺项目，应该制定专门的扶持政策，包括资金补贴、税收优惠等实质性支持。这样的政策不仅有助于减轻企业的资金压力，还能够缓解市场竞争的困扰，让中小型演艺企业有更多的发展空间，进一步推动整个演艺产业的繁荣与进步。

（2）优化政策落实机制

政策的出台只是第一步，确保政策能够得到有效执行同样重要。政府需要加强政策宣传，通过媒体、网络平台等多种渠道，提高演艺业从业者的政策知晓率。同时，建立健全政策执行机制，明确责任主体和执行流程，加强对政策执行情况的监督和检查。

（3）加强政策与市场的对接

政策的制定应该紧密结合市场需求和观众喜好。政府部门应密切关注市场动态，及时调整和完善相关政策，确保政策能够与市场保持同步。此外，还应加强政府与行业组织、企业之间的沟通，建立有效的沟通机制，定期举行座谈会、研讨会等活动，听取行业的意见和建议。这样，政策制定才能更加贴近实际，更符合演艺业的发展需求。

（4）加强演艺业投融资引导和支持

演艺业的发展离不开资金的支持，政府需要加强演艺业投融资的引导和支持。政府可以设立演艺业发展专项基金，用于支持演艺业的创作、演出、人才培养等方面，降低企业融资成本。同时，对符合条件的演艺企业和项目给予税收减免或优惠，降低其经营成本，提高其市场竞争力。此外，简化投融资审批流程，降低融资门槛，为演艺业提供更多融资渠道和机会。这些措施将有助于解决演艺业投融资难题，推动演艺业的持续健康发展。

2. 市场层面

（1）促进市场健康发育

一是完善产业链建设。通过政策引导和市场机制的双重作用，可以鼓励演艺业与影视、动漫、游戏等相关文化产业进行深度合作，形成互补优势，共同推动产业链的完善和发展。这种跨产业的合作不仅有助于打破行业壁垒，实现资源共享，还能促进技术创新和艺术创作的融合，从而推动整个演艺市场的繁荣与进步。

二是扩大市场规模。积极培育演艺市场，举办各类演艺活动至关重要。这包括音乐会、戏剧演出、舞蹈表演、艺术展览等多种形式的活动，旨在吸引不同年龄、背景和兴趣的观众群体。通过丰富多样的活动，我们可以满足不同观众的需求，提升演艺市场的吸引力和活力。

三是加强品牌建设。鼓励演艺企业注重品牌建设，打造具有市场竞争力的演艺品牌，提升整体形象和竞争力。可以利用传统媒体和新媒体渠道，如电视、广播、报纸、社交媒体等，进行广泛的宣传和推广。通过制作精美的宣传资料、发布具有吸引力的广告、举办新闻发布会等方式，提高演艺项目的知名度和影响力。同时，我们还可以通过合作推广、跨界合作等方式，与其他行业进行联动，共同打造更具吸引力的演艺品牌。

（2）提升投资回报的确定性

第一，加强市场调研与风险评估是降低演艺项目投资回报不确定性的重要手段。投资者在进行投资决策前，应进行深入的市场调研，全面了解观众需求、行业趋势以及竞争对手情况，对演艺项目的投资风险进行全面评估。通过科学的数据分析和风险评估，投资者可以更准确地把握项目的营利前景，降低投资风险，提高投资成功率。

第二，提升项目质量是演艺业解决投资回报不确定性问题的核心措施。演艺企业应注重提升项目的创作质量、表演水平、舞台效果等，以优质的演出内容吸引观众，提高项目的市场认可度和营利能力。通过不断创新和精进，打造具有独特魅力和市场竞争力的演艺产品，从而赢得更多观众的喜爱和投资者的青睐。

第三，优化市场策略是演艺业提升投资回报的有效途径。根据市场需求和观众喜好，制定有针对性的市场策略，包括定价策略、推广策略、营销策略等，有助于提高项目的市场占有率和收益水平。通过精准定位目标观众群体，运用多元化的营销手段，扩大演艺项目的知名度和影响力，从而吸引更多观众和投资者，实现良好的投资回报。

第四，建立投资保障机制是降低演艺项目投资风险、提高投资积极性的重要举措。政府或行业协会可以设立演艺业投资保障基金，对符合条件的演艺项目进行投资保障，降低投资者对于风险的担忧。通过提供资金支持、风险分担等方式，为投资者创造更加安全、稳定的投资环境，激发投资热情，推动演艺业的持续健康发展。

3. 企业层面

（1）完善风险评估机制

首先，建立科学、系统的风险评估体系，这需要借鉴国内外成功经验，结合演艺业的特点，制定适合行业的风险评估标准和方法。其次，加强行业研究，深入了解市场趋势和观众需求，为风险评估提供有力支持。最后，信息共享与协作也是完善风险评估机制的关键，通过加强行业内外的信息共享和协作，共同应对潜在风险，提高整个行业的风险抵御能力。

（2）扩展融资渠道

首先，企业要进行多元化融资。除了传统的银行贷款和政府补贴，演艺业应积极探索股权融资、众筹、社会资本等多元化融资方式。其次，与其他文化产业、金融机构等建立战略合作关系，实现资源共享和优势互补，也是拓宽融资渠道的重要途径。最后，优化融资环境，简化审批流程，降低融资成本，为演艺业提供更多融资便利。

（3）加强人才培养和引进

首先，与相关院校和机构合作，开设演艺业投融资相关课程，培养具备艺术和金融知识的复合型人才。其次，制定优惠政策，提供良好的工作环境，吸引国内外优秀人才加入演艺业投融资领域。最后，加强培训与交流也是提升人才素质的关键，通过定期举办培训班、研讨会等活动，提高从业人员的专业素养和综合能力。

第六章　剧场演出经营管理

第一节　剧场概述

一、剧场的定义

“剧场”（theater），又称“剧院”，是观众观赏演出的场所。其词源出自希腊文 theatron，意为观看的地方。狭义的定义是指由特定的、永久性的建筑体构成的表演场所，通常指室内的表演场所。

随着演出内容、形态的发展，也有了由临时建筑、室外空间构成的演出场所，因此，“剧场”的概念更宽泛了。从广义上来看，表演艺术发生的场所都可以被称为剧场。

二、剧场的构成

（一）功能区构成

通常来说，剧场主要由三个部分构成。

1. 进行表演的地方——舞台或其他形式的表演空间

表演区域又称主台或基本台，是剧场中表演者与观众最直接进行交流的舞台空间部分。

左右侧台、后舞台区域又称副台或附属舞台，其主要功能是配合主台的演出，存放布景、道具，进行场景上下场迁换，以及演员做上场前的准备。

台口，全称是镜框台口，它是镜框舞台的主要标志。有别于伸出舞台、中心舞台等。

乐池设在镜框舞台台口与观众席之间，低于观众席前排地面的空间，供歌剧、芭蕾舞剧乐队演奏用。在有的剧场演出中，乐池地板可上升至与主台同高，达到扩展表演区域的功能。

舞台装置区即在主台上天幕与台面间的区域，设置有多条吊杆，满足舞台布景与灯光设备的安装及使用需求。

2. 观看演出的地方——观众席

观众席即与舞台相对的坐席。根据剧场舞台的建筑方式不同，观众席区域的划分也有所不同，如圆形、半圆形、一面观众席、三面观众席等。

3. 其他演出附属空间

远离观众席的空间，如化妆室、休息室、排练室、会议室、管理室、办公室、仓库、备品室、布景工厂、服装工厂、洗衣间、布景道具出入口、演职员专用出入口等。

接近观众席的空间，如灯光控制室、音响控制室、追踪灯（追光）室，以及架灯空间，如猫道、灯光包厢等。

台塔在舞台的上方，从主台向上的空间称为“台塔”，作为吊杆机械安置层的格栅称为天顶或栅栏天顶，一般距离舞台台面的高度至少是台口高度的 2.5 倍，以保证布景等舞台装置不穿帮暴露给观众。

其他演出附属空间如前厅、前台、停车场、入场处、入口广场、票务中心、服务台、休憩处等。

（二）技术系统构成

一是吊杆系统，包含配重平衡系统、手动杆操作区、卷扬机马达、电动杆操作区、顶棚区等。

二是布幕系统，包含大幕、二道幕、边幕、沿幕、天幕、黑底幕、防火幕等。

大幕即观众席与舞台之间起分割作用的幕，位于镜框舞台台口的内侧，镜框舞台与假台口之间。

二道幕的位置在舞台大幕之后，与第二道边沿幕相近的一道幕，通常是以三倍打褶制成的对开幕。二道幕的作用在于分割舞台的前后空间以便表演和换景。

边幕也称侧幕，位于舞台的左右两侧，对舞台表演区域起限制作用。

沿幕是位于镜框舞台台口上方的幕布。与左右两侧的边幕相配合，起到控制演出空间的视觉高度、遮挡舞台空间上部内侧的布景灯光等装置使其不进入观众视线的作用。

天幕位于镜框舞台演出空间最后部位，作为表现演出背景环境的幕布，其高度和宽度通常大于台口尺寸，可以根据演出需要，将其设计成平面幕或弧型宽幕。天幕朝向观众席的内侧，可用天排灯、幻灯等进行照明或投射各种色彩形象，与整个舞台空间形成一个整体的画面。

黑底幕位于舞台后部天幕之前，适用于表现黑暗的场景空间，在日本歌舞伎戏剧中表现室外以及夜晚或者虚无状态。

防火幕是在台口与观众席之间、主台与附台之间、舞台与后台之间建设的卷帘幕或闸门，发生火警时将其闭合可以切断火路，防止火灾的蔓延，减少损失。

三是灯光设备系统，包含灯具、灯杆、侧灯架、地排、灯桥、回路等。

灯具是剧场演出所应用的全部照明设备的总称，根据功能可分两大类，即聚光灯具和泛光灯具。

灯杆是剧场舞台上专门悬挂灯具的吊杆，跟景杆不同，灯杆集成电源和信号控制系统，方便灯具的安装。

四是音响系统，包含拾音、扩音、舞台返送、监听等。

五是特殊机具系统，例如旋转舞台及升降舞台操控系统。

六是消防设备，例如灭火、截火、排烟、紧急照明等设备。

七是观众席设备系统，包含座椅、空调系统、公共广播系统、紧急逃生指标等。

三、剧场的分类

（一）按剧场规模分类

国际上划分剧场规模主要有两种做法。一种是根据观众厅面积进行划分。如日本的“建筑标准法”和中国台湾的“建筑技术法规”。另一种是根据观众容量进行划分。美国“统一建筑法规”（Uniform Building Code）、美国防火规范（NFPA National Fire Code）、加拿大国家建筑法规（National Building Code）都是按人数规定聚集场所的规模。

中国一般根据人数确定剧场规模。中国《剧场建筑设计规范》规定，剧场建筑规模按观众容量可分为：特大型（1601 座以上）、大型（1201—1600 座）、中型（801—1200 座）、小型（300—800 座）。

（二）按剧场形式分类

依舞台与观众席的相对关系，剧场可被划分为以下几种。

1. 镜框式舞台

镜框式舞台可以认为由两个部分组合而成，水平的建筑部分内有观众厅，垂直的建筑部分内有舞台。这两个建筑部分的连接处是一个开放空间，观众透过这个开放空间看舞台上的演出，这个开放空间就是舞台镜框。

2. 三面式舞台

三面式舞台在一侧墙的中间，三面为观众席。舞台空间犹如半个中心舞台剧场，有一个背景面。

3. 环形舞台（四面式舞台）

环形舞台的观众在中间，舞台环绕观众，演出可以随着剧情的开展转换地点，也可几个地点同时演出。

随着剧场演出的不断变革，舞台的形式也在不断翻新，传统的观演关系被打破，新型的剧场格局逐步建立。

第二节　剧场演出概述与经营管理

一、剧场演出的定义与分类

（一）定义

剧场演出指发生在演出场所内的、以为观众提供审美娱乐为目的的综合艺术活动。广义上是指歌剧、舞剧、音乐剧、戏曲、话剧等通过演员表演来表达文学故事的艺术表现形式。

（二）分类

按表演形式可划分为舞蹈、戏剧、声乐、器乐、戏曲、杂技、魔术等。

按演出剧种可划分为歌剧、舞剧、话剧、音乐剧、戏曲曲艺、杂技剧、肢体剧、哑剧、歌剧、音乐会等。

按演出性质可划分为营业性演出、非营业性演出。

按演出周期可划分为保留剧目、一次性演出等。

按观众人群可划分为儿童剧等。

二、剧场演出的特性

（一）艺术性

剧场演出的首要特性即艺术性，评判一场剧场演出是否成功，艺术水准的高度也是首要评判条件。剧场演出的创作制作过程是艺术家完善艺术创作的过程，需要各个工种的艺术家共同发挥其艺术才能，共同协作完成。

（二）综合性

剧场演出具有高度的综合性，包含艺术创作、艺术内容生产、表演行为、票务销售、消费及经纪代理等多个环节，是由多个产业板块共同构成的综合体。

（三）灵活性

随着观众审美水平的不断提升，剧场演出在形式、内容上也不断迭代、翻新，出现了各种新兴形态的演出样式，不断突破并更新观演关系与艺术形态，充分体现了剧场演出的灵活性，这为创作者带来了前所未有的挑战，也提供了极大的发挥空间。

三、剧场演出的经营管理

剧场演出的经营管理全流程是指演出单位依据生产计划，筹措并投入资金、组织人员、安排场地、调集设备，经过演出策划、前期筹备、演员排练和相关制作工序，以及舞台合成等系列环节，形成可以在剧场空间中呈现的演出产品的过程。

从某种意义上来看，经营管理就是流程管理，大致可以分为筹备与制作、演出与运营两个阶段。

（一）筹备与制作

剧场演出的筹备与制作又分为创作筹备、制作、合成等三个部分工作。

第一部分是编剧编写完成剧本，舞台创作人员围绕剧本拟订导演计划、作词作曲、编排舞蹈、形体设计，以及构思布景、服装、灯光、音响、人物造型及影像等设计方案。

第二部分是导演指导演员排练，技术人员根据设计方案制作舞美布景、服装道具等，以及运用灯光、音响和影像技术将创作方案在舞台上进行呈现的过程。

第三部分则是在演出场所中进行舞台合成。

（二）演出与运营

剧场演出的演出与运营是指从正式演出开始的工作阶段，以及与之相关的宣传推广、票务销售等环节。

综上可以看出，剧场演出的经营管理是一个高度综合的运作系统，是各环节、各工种紧密结合的有机体。

总体来看，剧场演出经营管理的四个重点在于：内容是龙头、市场是导向、经营是核心、管理是基础。

第三节　剧场演出的筹备

剧场演出的筹备工作主要包含前期筹备、演出制作、剧场合成等三个方面的工作。在前期筹备阶段，演出负责人需要做的工作主要有编制计划、筹措资金、创建剧组、项目申报、构思方案等。

制作阶段的主要工作是演员排练、舞美服装道具等的制作。

合成阶段则是将所有演出的元素进行舞台合成，进行各工种、各环节、各表演元素之间的配合，并不断调试打磨，直至达到正式演出的水准。

演出的宣传和票务销售往往也是同步展开，这一部分内容将在本章第五节详细讲述。

一、策划筹备

（一）策划要点

剧场演出的策划筹备是所有演出行为的起点，策划要点在于选择适当的演出题材、内容，并将其安排在适当的时间和适当的场所来演出。

策划过程遵循“五 W 原则”，即 Who、Why、What、Where、When，就是要搞清楚谁、为什么、演什么、在哪里、什么时候。

1. Who（谁）

策划的首要重点在于解决谁来发起、谁来制作、谁来做主办、谁来做策划，以及演出内容是引进还是独立制作的问题，在剧场演出中，通常指的是演出发起人。发起人可以是个人，也可以由一个演出单位来担任。作为发起人，需要获得作品的版权、拟定演出投资概算、筹措项目开发资金、确定制作时间及演出地点、组建制作团队、支付制作费用、寻找投资者或赞助商等。通常当艺术家作为发起人时需要请专业的演出项目管理者来处理这些行政事务。

2. Why（为什么）

第二个策划重点是策划这场演出的目的与宗旨，通常来说有三种：任务、商业、艺术创作。演出的目的和宗旨不同，资金投入和评价标准也会有所不同。

完成某项演出任务大多属于非营业性演出，比如公益活动、政治宣传、戏剧教学实践等演出，其评价标准是演出产品获得出资方的认可，或者说更看重社会效益；商业演出是投资行为，其评价标准是演出的投资回报率；艺术创作是投资兼消费行为，其评价标准是演出产品的艺术质量，很多时候还需兼顾市场效益。

3. What（演什么）

演什么，即演出定位，是剧场演出内容策划的核心部分，需要根据演出制作目的，选择适合的演出形式、产品风格，并进一步确定演出的规模大小和演员阵容等。如果演出制作目的是艺术创作，就不能把票房收入作为衡量制作成功与否的唯一标准，而是应该以实现导演构思为工作中心，资源投入要尽可能满足创作需求。如果演出制作目的是商业演出，则应该首要考虑投资回报问题，策划人要考虑尽可能降低商业风险，要在剧本和人员选择以及资金的使用安排等方面做出有利于票房回报的选择。完成某项演出任务的非营业性演出主要考虑演出的内容和呈现方式要符合出资方的要求，此类演出的策划重点是在预算许可范围内，努力完成项目预定目标，创作人员的创意构思符合既定要求更为关键。

4. Where（在哪里）

选择什么样的演出场所也是剧场演出活动需要考虑的重要方面，这与预算收益、观演效果等方面的问题直接挂钩。

例如，上海文化广场有2000多个座位，定位是一个可以上演特大型音乐剧的剧场；上海大剧院的硬件条件则非常适合歌剧演出。剧场的市场定位是进行剧场演出策划时需要考虑的重要因素，上述两个剧场一个定位偏娱乐，一个定位偏高雅。位于北京的国家大剧院和天桥艺术中心也有不同的剧场定位，通常音乐剧类的演出会选择天桥艺术中心，歌剧等演出形式则会倾向于到国家大剧院演出。

5. When（什么时候）

演出档期的选择也是策划要考虑的重点。演出有淡季、旺季。由于观看演出是一种审美娱乐活动，因此演出档期的淡旺通常与节假日直接相关。例如，圣诞节、元旦、春节等节庆日都是传统的演出旺季，是各大演出公司最活跃的时候。在非节日里，周末档会明显好于工作日档。

淡旺季的剧场租金会有区别，相应的演出票价也会根据淡旺季有所浮动。

（二）编写策划案

剧场演出的策划案没有统一的编写方法，根据工作需要将制作演出最基本的故事梗概、人员、资金、时间、场地等项目信息列明即可，也可称为“项目提案”“商业计划书”“演出文案”“演出方案”等。

1. 演出策划案的概念

演出策划案是剧场演出策划人根据可调配资源的状况，在了解观众或委托方需求的基础上，对剧场演出的内容和形式，以及整合制作资源的策略进行一番筹划，制订出符合演出目标且能够实现的工作方案。

策划案内容包含已拟定的表演内容和表现形式，拟定制作规模、制作及演出时间、舞台呈现效果、备选的主创人员和演员、资金的投入数额和使用规划、备选演出场地，以及布景和服装是一次性还是重复使用的制作要求等，将这些内容进行汇集整理即形成一套策划案。

演出策划案是一份策略性文件，在项目开始启动时是制订各项工作具体实施方案的基础。编写策划案最重要的是通俗易懂、言简意赅，涉及数字的地方需要量化，如果用图表表示一定要容易理解。

演出策划案的读者通常包括演出单位的负责人、演出投资人、赞助商、演出制作和营销部门的负责人，以及剧组的主创人员。如果要申请政府资助，那么读者还可能包括资助的评审人员。

2. 演出定位

演出定位包括产品定位和观众定位。

（1）产品定位

产品定位包含演出形式、剧本选择、制作规模、演出周期等工作。确定相应的演出形式是指选择采用歌剧、舞剧、戏曲、话剧，还是音乐剧或其他综合演出形式。剧本选择要根据不同的演出制作目的来进行，如果制作目的是商业演出，那么选择剧本时要多考虑娱乐性。制作规模则受投资金额、演员阵容以及商业回报、预期效果等的影响。演出周期要求确定该演出产品是属于一次性演出还是长期连续上演，这将会影响制作投资回报和资金来源，布景和服装的制作工艺，演出设备是租赁还是购买，以及制订演出市场推广方案等后续工作安排。

（2）观众定位

观众定位是要确定演出产品将要面对的观众群，包含目标观众群体和观众规模，需考虑观众的购买力和购票意愿。目标观众可以从年龄、职业、收入、受教育程度等方面进行划分。

对于商业演出来说，要根据剧本和演出类型来选择目标观众。选择会对将要制作的演出产品感兴趣的群体作为潜在的观众，有针对性地做市场推广活动。

此外，在选择剧本时也要考虑观众群，也就是说，要考虑清楚将来制作出来的演出产品要卖给谁。一般来说，娱乐性强的演出其观众群要大一些，艺术性强的演出其观众群要小一些，思想性强的演出主要针对有需求的团体观众。任何剧场演出都有其存在的价值，关键在于找到对其有观赏需求的观众群。

3. 资源分析

资源分析是指分析演出制作在资金、时间、技术和人才方面的可行性。

在资金方面，要对演出制作的成本和收入进行估算，分析其经营风险的状况。

在时间方面，要分析演出制作是否能够在市场旺季推出上演，一些演出制作有比较严格的时间要求，出资方往往会要求在规定的时间内完成演出制作。判断在既定的时间能否完成任务需要做必要的工作量分析。

在技术方面，要考虑现有的技术实力能否满足演出需要的舞台效果，以及是否可承担因此而可能引发的演出制作质量问题。

同时，需要对人才进行客观分析，现有的创作人员、演员和管理人员能否胜任演出任务，达到预期目标。

演出属于文化活动，有可能会获得一些企业的赞助，需要考虑自己拥有哪些资源能够回报给予自己赞助的企业。商业演出主要靠票房回收资金，判断正在制作的演出是否有市场前景，需要经过充分的人文环境、经济环境和市场环境的论证，当地民众的观赏习惯、购买力以及对剧场演出的接受情况等都要仔细研究考量。

4. 演出策划案的内容

演出策划案除了艺术创作所涉及的故事题材和表现形式，还需要涉及制作这台演出的市场预期和现实意义，制作的主要思路、亮点和规模，拟定符合要求的主创和演员备选人员，演出制作所包含的版权、薪酬、制作预算、场租、设备租赁或购买等费用概算，制作投资回报分析，社会效益及经济效益分析，制作周期及演出计划，营销推广方案等。

演出策划案可包含的内容部分有封面、目录、项目概况、演出单位概况、剧情简介、制作构思、制作团队、制作预算、筹资方案、制作时间、演出场地、营销方案、演出回报分析、市场开发、投资风险评估，以及其他辅助材料。

二、演出立项

演出立项是指演出单位对所掌握的资源、人才，以及创作方案经过充分的评估和论证，确定符合预定的制作目标，满足戏剧制作条件，做出将创作方案呈现在舞台上的最终决定。

（一）演出立项的决策过程

剧场演出在立项之前要做充分的项目评估。评估内容主要有剧本、人员、资金、技术、时间等因素。

首先要判断所选择的剧本是否符合演出目标，其次再考虑主创团队是否合适，最后根据演出规模和市场行情判断是否能够募集到足够的资金。

对于舞台呈现技术要求较高的产品，判断是否拥有能力可以胜任的技术团队也是关键。

演出立项中的时间评估需要尊重艺术创作规律，在首演前留足创作和制作时间。经过长期实践剧场演出形成了特有的艺术创作和生产规律，只有经过一段时间的酝酿、创作和构思，通过一段时间的排练进行磨合，才能将演出产品搬上舞台。

因此，剧场演出需要提早立项，以便有足够的时间进行创作与制作。

1. 剧院的演出立项

剧院的演出立项主要是审查剧本，只有剧本通过内部审查之后，剧目才可以确定为立项。不同的剧院，剧本的审查者也不同，有艺委会、艺术总监，也有院长负责审查，只有审查通过，剧目才可以正式立项。

2. 演出公司的演出立项

演出公司的演出立项决策会相对较复杂，需要更多地考虑商业回报与风险。

在演出立项之前，演出公司需要做充分的项目评估和项目论证，主要包括资源分析、商业分析和工作量分析。

资源分析就是要分析自己可获取资源的情况，要考虑有多少可用资金，能否找到符合要求的合作者，与制作演出有关的场地、设备等客观条件是否具备。

商业分析是要分析项目的投资回报和商业风险。制作演出需要一笔很大的开销，要考虑这笔资金由谁来承担。若是自己投资，制作完成的演出项目是否已经有买家或销售对象。

工作量分析是指对于承接的演出项目，或者为了配合某一重大节日而制作的演出，分析和评估公司能否在规定的时间内完成所有制作工作。

（二）项目启动

演出立项完成之后，演出单位就要按照程序开展后续的创排工作，演出项目开始启动。

项目启动标志着演出制作正式开始，与之相配套的资金和人员需要及时跟进。

应当注意的是，演出项目启动后，刚开始的工作不可能一帆风顺，新成立的剧组相互之间要有适应过程，演出负责人、各工种都应冷静面对、相互协同，按计划执行工作。

三、组建剧组

剧组是演出单位因制作演出产品的需要，临时组建的由演职人员组成的项目组。组建剧组是筹备阶段的一项关键工作，富有才华并具有团队精神的合作伙伴是顺利完成演出制作的基本保证。

（一）剧组人员的构成

剧组是由创作人员、技术人员、管理人员和演员等四类专业人员构成。因演出单位的类型不同、演出的种类不同、舞台呈现的要求不同，所以剧组的规模和人员的构成也不同。

在演出制作的不同阶段，剧组人员的构成也是不同的。在前期筹备阶段，初创时期的剧组是由导演、舞美设计师、服装设计师、作曲等创作人员，以及演出负责人和舞台监督管理人员组成。当进入剧场，开始技术合成以后，灯光师、音响师、化妆师和舞台技术人员加入剧组中，此时的剧组是规模最大的时期。在正式演出期间，创作人员的工作基本完成，这个阶段剧组主要由演员、管理人员和技术人员组成。

（二）剧组人员的职责

1. 创作人员

（1）导演

导演是负责将剧本进行二度创作并展现在舞台上的艺术创作者，是艺术创作工作的主要负责人，负责剧场演出的最终艺术效果。

之所以说是二度创作，是因为导演要根据剧本（一度创作）来开展创作工作，剧本既是可以独立欣赏的文学产品，也是舞台艺术二度创作的文学基础。将剧本搬上舞台可以有多种表现手段，导演就是综合运用各种舞台表现手段的总体规划者和执行者。其主要职责有：分析、解释剧本；制订导演构思及导演创排计划；选择演员、分配角色；确定布景、服装、化妆、灯光及音乐、音响的设计方案；在排练场指导演员排练；在舞台上主持技术合成与彩排工作；在正式演出后广泛征求意见并对演出进行调整加工等。

（2）音乐总监及作曲

音乐总监及作曲根据剧本的故事情节及导演要求，为演出选择或创作一段配乐、歌曲等。在演出制作期间，还可以作为音乐指导配合演员排练。

（3）形体设计师与编舞

形体设计师与编舞根据剧本的故事情节及导演要求，为演员设计肢体动作，包括舞蹈、武打动作等，并负责演员形体动作的排练。

（4）舞美设计师

舞美设计师也称作“布景设计师”“舞台设计师”。其任务是为演出创造一个特定空间，在这个空间中，要为演员活动提供支点，要通过形象、颜色及材料质感表现出演出内容所要求的环境特征，以及加强演出内容所要传达的艺术感染力。

在设计构思阶段，舞美设计师通过模型和设计图来表达其设计意图。在制作阶段，舞美设计师要为制景工人提供制作图纸和制作工艺要求。装台时，舞美设计师要提供平面图和立面图，以便确定布景的安装位置。

（5）灯光设计师

灯光设计是指灯光设计师利用灯具和色纸，为演出提供照明、渲染演出氛围、增强演出效果的工作。灯光设计师采用气氛图和布光图进行布光和用色，把每一场的灯位和照度变化记录到灯光控制操作表上。在技术合成过程中，与灯光技术人员合作进行对光、调整、编组和编程。

（6）服装设计师

服装设计师通过服装设计图来表达其设计构思。演出服装源于生活服装，又区别于生活服装。一方面，演出服装具有装饰性、夸张性和可舞性（用于歌舞演出、杂技的服装）；另一方面，演出服装要帮助演员塑造角色形象。在开工制作演出服装时，服装设计师要为制作人员提供面料样品，并临场指导制作人员以保证其对设计图的正确理解，完成服装监制的工作。

（7）化妆设计师

化妆设计师运用化妆技术对演员面部进行塑造，使其更贴近所扮演的角色形象。化妆设计师要对演员的须发、头饰、脸型以及身体裸露部分进行修饰，从而达到美化演员的仪表或者塑造角色的外貌形象，缩小或弥补演员同角色在外在形象上的差距的目的。

（8）音响设计师

音响设计师负责演出中音乐及演员声音的扩音工作，以及自然界或人造声音的模拟工作。对于音质要求比较高的剧场演出，音响设计师负责场地的音响布置与调试，并承担调音师的工作。

（9）视频影像设计师

有的演出需要使用视频影像来增添演出呈现效果，表达角色的内心独白、辅助叙事等。视频影像设计师要根据导演要求，并结合剧情需要来筛选视频素材及设计视频影像，与舞美设计师和灯光设计师合作确定视频设备的安装位置和吊杆使用方案。

2. 技术人员

（1）布景制作及迁换人员

布景制作人员要根据布景设计师和技术管理人员的图纸及技术要求进行制作。布景制作人员分为木工、铁工、美工（雕塑和绘景）。布景迁换人员也称为“装置”人员，他们负责在技术合成、彩排及演出时迁换布景，并且负责在演出期间维护、维修布景。

（2）服装制作及保管人员

服装制作人员根据服装设计师的要求和设计图纸制作服装。服装的细节样式要征询服装设计师的意见，除了自己制作，有时需要采购或定做。演出时，服装保管人员要在剧场服装间收管好演出服装，并负责服装的清洗、熨烫。

（3）道具制作及保管人员

道具制作人员要根据导演和舞美设计师的要求制作或购买演出道具。一般小道具由自己制作，大道具要同布景制作人员配合来完成。道具保管人员一般由助理监督负责。

（4）灯光安装及操作人员

灯具安装人员由全体灯光技术人员共同组成。灯光操作人员分别控制调光台、追光、烟机、换色器、干冰车、电脑灯以及幻灯、投影机等。

（5）音响安装及操作人员

音响安装人员由全体音响技术人员共同组成。音响操作人员分为调音师、无线手持话筒管理、胸麦管理等。

（6）化妆师

化妆师要按照化妆设计师的要求为演员化妆。工作分为脸部造型、须发、面具以及身体裸露部分的特殊造型。

3. 管理人员

（1）制作人

制作人是商业演出的发起人和负责人。制作人负责购买剧本的版权，聘请导演、演员、设计师及其他工作人员，负责筹资及控制资金支出，并对剧组的重大事项做出决策。

（2）制作经理

负责协调和指挥制作工作的管理者称为制作经理。制作经理要控制制作经费，负责制作或审查布景、服装、灯光等各制作部门的预算；要主持制作会，安排制作工作；控制各部门的工作进度，并负责制定演出时间表。

（3）技术管理

大型剧院通常会设置技术管理岗位。大型演出的舞美设计工作较为复杂，需要舞台技术管理者负责解决技术问题。技术管理主要负责制订舞台布景制作的技术方案，并解决制作过程中出现的各类技术问题。进剧场以后，技术管理要负责组织装台、调试，与舞台监督一起安排布景迁换工作，同时要检查布景迁换的运行情况，对布景的实用性和安全性负责。

（4）舞台监督

舞台监督是舞台管理工作的负责人。舞台监督的职责是协助导演实现导演构思，负责协调剧组与各部门之间的工作，解决工作中出现的各类问题；不断地同各部门进行联系，及时了解他们的工作情况和需要，商讨解决制作过程中所出现的问题及安排下一步的工作；负责把演出的全部物品和人员等迁进及迁出剧场；在演出中负责后台工作，组织安排场景迁换工作。

（5）后台主任

后台主任是过去剧团设置的一个职务，现在的剧团大多不再使用此称谓。后台主任主要负责排练和演出的事务性工作，是剧组后勤工作的负责人。后台主任负责照顾好剧组人员的生活，保证排练和演出能正常进行。除了后勤工作，后台主任还要负责管理后台秩序，帮助解决演职人员在演出期间的一些私人事务，协助舞台监督做好剧组的管理工作。

（6）前台主任

前台主任也是过去剧团设置的一个职务，现在的剧团大多不再使用此称谓。前台主任负责演出的广告宣传及票务销售，负责安排设计制作演出说明书及海报，同剧团行政部门联系安排广告宣传，邀请社会名人观看演出以扩大影响，同剧团营销部门联系安排票务销售。在演出期间，他们还要负责安排发放说明书、张贴海报、出售纪念品等。

4. 演员

演员即从事电影、戏剧、舞蹈、曲艺、杂技、歌唱艺术表演等的人员，类型分为电影电视演员、戏剧演员、舞蹈演员、曲艺演员、杂技魔术演员、歌唱演员、皮影戏演员、木偶戏演员及其他演员。

演员具有类型化的特点，因此在选角时需要考虑演员的外在形象和内在气质，二者应适合剧中角色。不同演出单位演员试角的遴选范围有所不同，有的在本单位内挑选，有的从社会上广泛选择，演出单位可根据自身情况选择适合的方式。

（三）剧组人员的规模

在制订人员计划的时候，演出负责人需要分析并计算剧组人数，这涉及发放薪资补助的数额，也会影响后勤保障的相关工作。

随着戏剧制作的推进，剧组人员数量会随之发生变化，统计剧组人数是以首演时参加演出的剧组人员数量为准。在戏剧制作过程中出现的供应盒饭、安排交通等工作，要以当时实际参加工作的人员数量为准，这些需要临时统计。

参加演出的人员数量是有弹性的，是可以增减的。除了必不可少的创作人员和演员，技术人员和管理人员都可以被替代，小型演出可以一人身兼多职。尤其是技术团队，因个人能力、工作条件、设施设备等多种因素会引起工作效率不同，因此需要的人员数量也会不同。

演出规模越大，参加演出的人员就会越多，反之就会越少。演出规模的大小取决于演出的内容、形式和场地等因素。

（四）招募演职人员

演出立项以后，演出单位通常需要先确定创作人员和主要演员，然后再选择其他演员及技术管理人员。

确定创作人员需要先落实导演人选，然后再落实其他创作人员，其他创作人员可通过导演引荐或主动联系等方式加入剧组中。导演根据剧本风格希望邀请到适合的设计师，设计师包括舞美设计师、灯光设计师、服装设计师、化妆设计师、音响设计师等设计人员。由导演邀请各工种设计师一起合作的创作团队称作导演团队。导演通常愿意找自己熟悉的设计师及创作人员合作，以便建立合作默契的创作团队。

演职人员的来源有两种，一种是选用演出单位的全职人员，另一种是根据需要从社会上招募相应的专业人员。

在演员招募工作方面，演出单位若要聘请明星，需要同明星的经纪人或经纪公司商谈。遴选演员需要通知演员参加试演角色。

通常演员的招聘程序大致分为以下六个步骤。

① 发布信息：发布招募演员试演角色信息。

② 预计成本：确定酬金标准和招聘预算。

③ 演员来源：行业内相互介绍、发布招聘信息、聘请艺术院团演职人员、招收艺术院校实习生。

④ 选择过程：填表、面试、试角。

⑤ 聘用手续：试角通过后签订劳动合同，要求演员遵守工作制度，明确工作纪律。

⑥ 演员就职：安排演员参加建组会，并参加排练、演出，以及演出宣传活动。

（五）建组会

建组会是指演出项目确立后，演出负责人召集创作人员、演员和管理人员开会，让大家相互认识，并建立起工作联系，以便将来在工作中的相处更为融洽。建组会通常由演出负责人介绍参会人员，各创作人员也会阐述自己的创作构思，让大家对未来的工作有所了解。建组会召开之后，意味着剧组正式建立，演员排练和舞美、服装等制作工作正式开始。

召开建组会一方面能够让剧组成员相互认识，加强工作联系；另一方面通过对外发布建组消息能够起到宣传推广的作用。尤其是对于重点剧目，一般会邀请媒体参加建组会，安排媒体记者分别采访主要演员和主创团队，使演出信息及早发布出去。

四、编制预算

编制预算是剧场演出制作的计划成本和资金使用计划，也是未来将要产生的费用。它的作用是预测和限定制作剧场演出所需各项资金的支出数额，是各部门执行工作的资金使用标准，也是约束各部门开展各项工作所产生资金支出的依据。不同类型的演出单位预算内容的构成和编制方法是不一样的。

（一）剧场演出费用支出明细

制作一台剧场演出需要花费多少钱，这是演出负责人非常关心的问题。

我们不妨把制作剧场演出可能产生的花销都列出来，查看有哪些支出项目，避免在做预算时出现丢项、落项的情况。

演出制作的主要支出首先是人员酬金，其次是布景和服装制作，以及场地和设备租赁。

酬金有两种计酬方式，一种是计件方式，编剧、导演、设计师等创作人员都是按照计件的方式计酬；另一种是计时方式，演员、管理人员和技术人员都是按照计时的方式计酬。二者的区别是，计件方式是按单项工作或工作成果付费，计时方式是按工作时间长度或工作次数付费。

（二）预算内容的构成

演出预算分为创作预算、制作预算和运营预算，均为尚未发生实际支出的计划成本。

创作预算是指产品创作阶段的费用，大多是人员费用，包含剧本创作费、版权费、主创人员酬金等。

制作预算是指演出制作及排练期间的费用，包含排练费、舞美服装制作费、演出用品耗费、演出设备租金、场地租金、公关和宣传费，以及行政与后勤等费用。

运营预算是指演出及后续运营的费用，包含剧场租金、演出设备租金、演职人员薪酬或补贴、演出消耗品购置费、公关及宣传费，以及餐饮、交通及住宿等费用。

五、组织艺术创作

在艺术创作过程中，演出负责人需要尽可能地创造良好的工作条件，营造良好的创作氛围，组织开展相应的创作活动，使创作人员能够专心地投入艺术创作工作中，这样有助于提高艺术创作的效率，改善舞台呈现的效果。

（一）提供创作条件

如果资金及时间条件允许，演出负责人可安排主创人员和演员去体验生活。体验生活也称作“下生活”或“采风”，是排演本土戏剧故事时增强主创人员和演员艺术表现力的非常有效的方法。体验生活就是安排主创人员和演员到故事发生地收集创作素材，感受当地的生活氛围，以加深对剧情、人物、生活环境和故事背景的理解和感悟，一般反映本土现实生活故事题材的戏剧演出都可以采用这种方法。

（二）组织创作活动

在前期筹备期间，一项非常重要的工作就是组织创作人员讨论创作方案。导演和设计师们要经常沟通，交流彼此的创作意图以及对方案的设想，通过交流能够起到相互启发创作灵感、丰富创作思路的作用。在创作过程中，演出负责人要组织召开创作会，了解创作进度和已完成工作情况，经过反复推敲和酝酿，最后形成一套完整的创作方案。

1. 创作会

创作会是演出负责人召集主创人员商讨创作方案的会议，目的是布置创作任务、梳理创作思路、统一创作思想、激发创作灵感。

2. 创作方案

经过反复探讨和推敲，创作人员最后拿出一套创作方案。这套方案是演员排练和舞美设计、服装制作的依据。创作方案通常包括以下几点。

① 导演：导演计划、导演阐述、修改过的剧本。

② 布景：比例准确的舞台模型、舞台平面图、布景设计图和制作图。

③ 灯光：气氛图、布光图和设备清单，灯光设计方案需等到联排完成后提供。

④ 服装：服装设计图和面料样品。

⑤ 化妆：人物面部造型和发饰造型设计图。

在演出制作期间，创作方案会运用到具体工作中，技术人员需要依据复制的图纸开展布景、服装和道具制作工作。全部制作工作完成以后，舞台监督有责任将创作方案收集起来存档。

3. 制作会

制作会也称演出制作会，是指在演出制作过程中，导演向舞美制作人员和演出管理人员阐述导演构思，以及布景设计师、服装设计师和化妆设计师向制作人员阐释设计方案的会议。制作会是演出制作从构思创作方案到呈现创作方案的一个关键环节，标志着前期筹备阶段已经结束，开始进入演员排练和制作阶段。

制作会的一个重要作用就是让舞美制作人员充分了解设计方案，以便能够准确表达设计构思。在制作会上，设计师所提交的设计方案是最终方案，设计师对制作材料、制作工艺和场景变化都提出了具体要求。舞美制作人员根据图纸和制作要求编制预算，预算得到批准后，便可以开展布景、道具和服装的制作工作。

第四节　剧场演出的制作管理

剧场演出制作就是通过演员排练和舞美服装制作来实现创作方案的工

作过程。演出的各项筹备工作完成以后，便开始着手进行演员排练、舞美制作、准备演出设备、开展演出宣传和门票销售等制作和运营工作。

演员排练是指在排练场，由导演指导演员经过不断的尝试去塑造人物形象、安排舞台调度、掌控舞台节奏的创作过程。导演指导演员排练时，由舞台监督负责排练场的日常事务管理。

舞美制作泛指布景、道具、服装和化妆的制作，通常被简单地理解为布景制作。

准备演出设备就是根据灯光和音响设计方案准备灯光和音响设备。与此同时，还要开展演出宣传和门票销售工作。

一、舞美制作

（一）制订舞美制作方案

无论演出布景是由剧院自己的舞美制作部门制作，还是委托给专业的舞美制作公司加工，技术管理者都要向对方提供舞美制作方案。技术管理者可以自己制订舞美制作方案，也可以与舞台技术人员一起商讨优化制作方案。舞美制作部门或公司要按照技术管理者提供的方案完成舞美制作工作，因为技术管理者比较清楚布景在舞台上的使用情况及运输和储存条件。

制订舞美制作方案是一项比较复杂的工作，需要考虑资金、工期、质量、安全、效果、拆装、迁换、运输、储存等制作条件和使用要求，最重要的是方案要能够实现。因此，技术管理者需要掌握舞台技术知识，熟悉布景制作的各种加工工艺，这就需要长期积累实践经验。

（二）准备演出服装

剧院和演出公司的演出服装来源略有不同。剧院通常会储存许多以往演出用过的服装。剧院常年制作剧场演出，会积累大量的演出服，每次制作新的剧目，除了主要角色的服装需要制作，次要角色和群众演员的服装可以从服装库里挑选或略作改造使用。

而演出公司因制作剧目较少、存储空间有限等，很少储存以往的演出服，因此，制作剧场演出时多以制作或购买的方式解决服装问题。

总体来看，演出服装的来源主要有以下三种方式。

一是购买。对于日常生活服装，如运动衫、衬衫以及鞋帽等能够从市场买到的服装，最好通过购买的方式解决。相对于制作来说，购买服装的价格要便宜很多。

二是制作。对于从市场上无法买到的服装，像一些传统的、特殊面料的或者有特殊效果的服装，需要采用制作的方式解决。此外，为了节省开支，还可以把以往演出用过的服装进行修改继续使用。

三是借用。剧院里一般会存放过去演出用过的服装和其他保留剧目的服装，把以往用过的演出服进行混搭可以重新使用，对于一些保留剧目中样式相仿的服装也可以借用。

试装是一个不可缺少的过程。服装制作将近完成的时候，要安排演员试装。服装制作人员要对不合体或影响演员动作的地方进行调整或修改。

（三）准备演出道具

道具的分类比较复杂。按体积划分可以分为大道具和小道具，大道具包含家具和一些大型物品，除了舞台装饰作用，有的还可给演员作为支点使用。小道具多以小型摆放物品或手持物品为主。按功能划分可以分为实用道具和装饰道具，实用道具是演员需要接触的或者手持的，要求比较结实、耐用的道具。装饰道具是用于布置环境的道具，像院子里的花丛、树林，室内的画或雕像等。

此外，还有不能对演员造成身体伤害的特效道具如易碎玻璃瓶、能够流出水的压水井、爆炸道具等，以及饮品或食品等食用道具。

一般情况下，道具的来源主要有制作、购买、借用和租用四种途径。

二、准备演出设备

（一）剧场技术考察

剧场技术考察就是要了解剧场的技术条件和场地状况。对于驻场演出来说，剧组非常熟悉演出场地，进场前一般不需要安排技术考察。而对于巡回演出来说，剧组在进剧场之前需要了解剧场情况，以便制订装台和迁换方案。

对于新创剧目来说，布景设计师在考虑设计方案之前需要了解剧场情况，如舞台大小和空间格局。在制订技术方案之前，技术管理者要了解剧场空间规格、舞台设备状况，以及场地使用要求。还要了解将来在剧场里搭建布景会存在哪些问题，要查看剧场的建筑结构是否会影响布景的安装及迁换，要了解剧场设备是否能够满足装台和演出的使用要求。

舞台监督要与剧场方面取得联系并确定技术考察的时间，届时带领导演、布景设计师、灯光设计师、音响设计师、技术管理者等人员去剧场了解场地状况和技术条件。技术管理者要索取剧场负责人的联系方式和全套的技术资料。

此外，还要了解艺术行政方面的情况，以便顺利完成演出的市场推广和后勤保障工作。以镜框式剧场为例，考察剧场需要获取的资料和需要了解的信息包括以下几个方面。

1. 剧场基本概况

包括剧场的地址和公共交通站点，业务部门和灯光、音响及舞台技术部门的联系人及联系方式，剧场使用须知（含场地租金价格、每天工作时间、工作餐就餐地点及特殊要求、布置演出宣传品的特殊要求、售卖说明书和纪念品的特殊要求以及其他注意事项），剧场周边餐饮及住宿情况。

2. 舞台技术资料

包括剧场平面图，舞台平面图和立面图（含镜框口尺寸，舞台的进深、宽度和高度，栅顶的高度），侧台能够存放布景区域的尺寸，舞台灯位图，舞台吊杆数据（含吊杆的数量、长度、间距、荷载、手动还是电动，以及吊点、灯光吊笼等其他悬吊系统的情况），机械舞台数据（含车台、转台、升降台等机械舞台数据，使用报价单），舞台幕布的基本情况（含舞台幕布颜色、尺寸及数量），舞台监督提示台，灯光设备（含剧场的供电量、剧场可用的灯具类型和数量、使用报价单），音响设备（含剧场现有调音台和音箱的品牌及数量、话筒类型及数量、使用报价单），舞台其他设备（含升降梯、人字梯、地胶、乐队椅子、乐谱架子、合唱台、舞台专用地毯等舞台器材）。

3. 前台

包括票房售票系统，室外及前厅布置海报的宣传栏或展板，售卖说明书的位置及条件，观众席座位图，导演工作台（确定是否需要自备），观众席搭设灯控和调音工作台的条件。

4. 后台

包括灯光和音响控制间，布景出入口（含出入口尺寸、后台卸货区的道路及车辆掉头空间情况），化妆间（含化妆间的数量、每间可容纳演员的数量、服装架的规格及数量），服装清洗及熨烫条件（确定是否需要自备洗衣机及烘干机），饮水机，后台过场通道，有无工作人员的休息间，通往乐池和前台的通道。

（二）准备灯光设备

在室内剧场里演出一定离不开灯光，舞台灯光不仅能起到基本照明的作用，更重要的是能够渲染气氛，增强舞台艺术的表现力。

1. 舞台灯光系统

舞台灯光系统包含剧场电气系统及舞台灯光设备。灯光设备主要由调光设备、灯具和线缆三部分构成。调光设备包括调光台和可控硅调光器。调光器的作用是借助调光协议和灯具预置的功能来统一调控常规灯、电脑灯及 LED 灯的亮度和变化。

2. 舞台灯光设备

舞台灯有不同的分类方式，按投射效果可分为聚光系列、泛光系列和成像系列，按控制方式可分为常规灯和电脑灯。下面介绍几款常用灯具。

平凸透镜聚光灯，简称聚光灯。灯具是由灯外壳、平凸透镜、反光碗和灯泡等四部分构成，灯外壳前可外加遮光板、色片框架或换色器，通过移动灯泡的位置来改变光斑的大小，通过遮光板可改变光斑的形状。

螺纹透镜聚光灯，简称螺纹灯或柔光灯。灯具结构和工作原理与平凸透镜聚光灯相同，只是平凸透镜凸起的一面做成同心圆锯齿状波纹，称作菲涅尔螺纹，故称作螺纹灯。

PAR 灯，也称筒灯。PAR 灯的灯体结构比较简单，在一个圆形的灯筒里安装一只集光源、反光碗和镜片于一体的卤素封闭泡，因此也称作筒灯。

泛光灯，也称大夹灯。常用泛光灯是由灯外壳、色片夹、双端卤钨灯管和麻面反光罩构成，投射所覆盖的范围较大，是可以对背景幕或天幕进行大面积均匀布光的一种灯具，通常也称作碘钨灯。

回光灯，灯具的口径较大，光源通过球面反射四面镜将光束透射出去，特点是光束强度高，照射面积大。但是，同时会出现投射光斑光质不匀、散射光较多等问题。

追光灯，是一种将较长的灯体安装在特制的支架上，操作人员通过手动控制来追踪演员的强光束灯具。它有一道可变光圈的遮光板，能够调整投射到演员身上光斑的大小，灯口处设置了六道手动翻片式换色器，可以变换不同的颜色。

成像灯，也称造型灯。成像灯投射的光束较硬，使用切光板可以将其切成方形或三角形光斑。

电脑灯，利用电脑技术控制光影投射效果变化的灯具都称为电脑灯，灯具自身带有换色片和图案板，通过控制程序可以投射出不同的颜色和图案组合，并按指令完成频闪、投射不同区域等动作组合。

采用 LED 光源制作的灯具，可以做成聚光系列、泛光系列和成像系列的不同灯型。LED 灯的特点是安全、节能，与色纸相比较，LED 灯的光色过于鲜艳。

其他灯光器材主要有换色器、三脚架、Truss 架（桁架）、灯拍子、电缆过桥等。效果设备和器材有烟机、干冰车、雪花机、雪筅、投影机等。灯光设计师会根据演出需要选用相应的效果设备和器材。

（三）准备音响设备和器材

现代镜框式剧场通常都会配备成套的音响系统。对于一般剧场演出来说，如需扩声，剧场已有的音响系统基本能够满足使用要求，不需要额外配备设备。

音乐剧演出对音响系统的要求较高，如果剧场已有的设备不能满足使用要求，演出单位可以自备一套音响设备到现场安装使用。

基于传统习惯，歌剧演出一般不使用音响设备，室内剧场的歌剧演出若用电声扩音往往被视为业余行为。当然，也有歌剧院设置音响设备用于录音和舞台返送。

音响系统的品牌非常重要。不同品牌型号的产品音质相差较大，声音效果会很容易被观众分辨出来。观众对声音非常敏感，在演出中，音响即便是出现微小失误，观众也能听出来。不论是音响设备还是调音师，有一点小纰漏都会影响演出效果。同样的设备，不同的音响师调出的声音效果是不一样的。好的扩声设备是让观众感受不到设备的存在。

舞台音响系统主要由音源、调音和扩音三部分组成。音源部分主要包括 CD 播放机、音频工作站（电脑软件），以及演员使用的耳麦（头戴麦克风）、胸麦和手持话筒等。调音部分主要包括调音台、调音台接口箱、效果器，以及音箱处理器。扩音部分包括功放和音箱，有源音箱不需要配套的功放。

音响控制工作台要与观众席在一个声场。镜框式剧场都会在观众席后区设置音响控制室，音响师在音响控制室内调音。即便是打开音响控制室的窗户，音响师与观众所听到的音量和音效还是不一样的，因此音响师一定要与观众处于一个声场，也就是说音响控制工作台要放在观众席里。由于剧场建造与剧场使用存在脱节问题，这就出现了每次演出都要在观众席里临时搭设音响控制工作台的情况。当然，也有剧场在观众席里设置固定的音响控制位。

三、舞台合成及彩排

舞台合成也称技术合成或剧场合成，是指剧组进入剧场后，布景、灯光、音响等技术部门装台，技术部门与演员分场合成，以及全剧着装彩排的统称。舞台合成是演员与技术人员在舞台上进行动作协调、相互适应的练习过程，也是导演综合运用演员表演、舞美体现和影像传达等手段表达导演构思的调试过程。

（一）进场前准备

在舞台合成阶段，技术管理者要组织协调舞台工作人员装台。技术管理者要安排将布景、灯光、服装和道具等所有演出用品运进剧场。

在进剧场装台之前，技术管理者要准备好4份文件：舞台合成时间表、布景技术图纸、布光图和吊杆使用安排。

技术管理者安排技术部门把服装、道具以及小件或易碎的布景部件打包装箱。

舞台监督负责整理制作所有参加演出人员的名单，要把演员、创作人员、技术人员、管理人员，以及行政人员分类整理制成联络表，要索取所有人的手机号码。在临出发前，要求各部门清点人数，以防止有人落下。

（二）装台

剧组进剧场后，首先要装台。装台是指舞美技术人员在舞台上组装布景、安装灯具和调试音响等舞台布置工作。

灯光技术人员要按照布光图在吊杆上悬挂灯具、走线、找灯号，还要对舞台基本光。

音响部门要安装并布置音响设备，调试音量、音效，检查话筒。

布景技术人员要依据舞台平面图摆放布景及悬挂幕布。

其他舞台技术人员也要布置或调试演出设备，或者准备演出用品。

若以一个合成时间是7天的剧场演出为例，通常前3天装台，后4天合成及彩排。装台与合成时间的分配可根据布景的复杂程度做适当调整。

（三）合成

装台完成以后就要进场合成，即演员进场，同布景、灯光和音响等操作人员一起进行技术合成。

合成是指装台完成以后，灯光、音响、布景、舞台机械，以及其他演出设备操作人员根据导演要求配合演员表演，完成舞台场面变化，经过练习，使演员与技术部门相互之间配合默契。

合成期间，演员要上台去适应舞台空间，并按照导演要求适应场景变化。演员要适应在暗场的情况上下场，要适应场地空间的改变和场景变化对舞台行动所带来的影响。

舞台技术人员按照导演要求分场练习迁换布景，灯光、音响和舞台机械操作人员按照导演和设计师要求，结合演员表演编排场景变化程序。编程完成以后，执行监督要分别与灯光、音响和舞台机械操作人员联系，制作灯光变化表、音响变化表、吊杆变化表等。

技术合成的一项重要且耗时的工作是导演根据剧情与灯光设计师一起商量编排灯光的变化程序，称作“编程”，又称“编 cue”。cue 是指执行监督给予灯光或音响操作人员的提示，一个 cue 就是一个变化。灯光设计师指导灯光操作人员根据导演要求围绕演员走台进行对光和编程。导演和灯光设计师要逐场对光，要先对基本光，再对定点光，然后编组、排程序。此时戏要一段一段地过，演员、布景和灯光要一段一段地配合，灯光的每一个变化都要调整光的强度、角度、光区大小、颜色、组合等，设计师与导演商量确定后记录下来，再记录下一个变化。

音响编程相对要容易一些，因为音响操作人员在排练场跟随排练时已经开始负责控制音响，对音乐或音响效果的起止点非常熟悉。进入剧场后，音响部门只需调整音效和音量即可。

周密的导演计划能够提高工作效率。在有限的合成时间里，为了使工作更为顺畅和节省时间，导演应该对每个场景的变化、一些特殊剧情所需要的灯光做出详细的方案。只有这样，走上舞台后，导演才可以发出清晰而明确的指令，这样能够避免让演员和工作人员在舞台上做盲目的尝试和调整。

第五节 剧场演出的运营管理

剧场演出制作完成并正式公演以后，需要吸引观众购票观看，剧场演出便进入运营阶段。剧场演出运营通常采取驻场演出和巡回演出两种方式。

驻场演出是指演出单位驻扎在固定的剧场里对外公演。这种方式分为两种情况：一种情况是剧院制作或复排的演出产品在本院的舞台上演出；另一种情况是一部剧场演出产品长期在某个固定的剧院舞台上演出，有的产品甚至在同一个舞台上连续演出多年。

巡回演出是指演出单位带着特定剧目按照一定路线到不同的地区去演出。巡回演出的作用是提高影响力、扩大受众群，对于营业性演出来说还可增加演出收入。

一、运营管理概况

剧场演出运营管理是指剧场演出制作完成以后，为确保演出顺利进行所采取的一系列有效措施，以及为获取较好的社会效益和经济效益所开展的一系列市场推广活动。

剧场演出运营主要包括行政事务、后勤保障和演出市场推广的统筹与协调。演出作品制作完成以后，拥有剧场的演出单位会将产品安排在剧场里演出，没有剧场的演出单位会租用剧场演出，通常会自行安排演出宣传和票务销售。

在演出运营阶段，演出负责人的工作重心从制作转到运营，通过与剧场和演出经纪机构合作，把演出产品提供给更多的观众欣赏。为了使演出产品更具有生命力，需要演出负责人保证良好的舞台呈现效果，处理行政事务，加强商业合作，做好演出市场推广。

二、演出市场营销

对于营业性演出来说，剧场演出制作完成以后就要公演，希望更多的观众能够购票观看。因此，演出经营者需要采取必要的措施加强演出市场营销。

每当谈起演出市场营销，人们总会想到演出宣传和门票销售，然而，剧场演出能否成功吸引观众并达成交易，还受到其他多种因素的影响，这些因素都会影响营销的成效。

演出市场营销与演出市场推广的概念和范畴是不同的，演出市场营销注重策略和观念，演出市场推广注重方法和措施。演出市场营销的范围是从选择剧目开始直至与观众达成交易，演出市场推广仅是将已有的剧目推荐给观众，并引导观众观看。

（一）影响观众购票的内在因素

影响观众购票的内在因素属于可控因素。可控因素是指演出经营者对影响观众购票的各种内在因素进行有效控制，把这些可控因素控制得好，将有利于演出票房销售取得良好业绩。

对于演出经营者来说，可控因素包括：演出产品、演出票价、演出时间、演出地点、促销策略。

（二）影响观众购票的不可控因素

有一些影响观众购票的因素不是演出经营者能够控制的。这些不可控因素客观存在，不以演出经营者的意志为转移，演出经营者只能尽量去适应。此类不可控因素包含以下三种。

一是环境因素，例如人文环境、经济环境与市场环境。

二是社会因素，例如时尚潮流、社会阶层等。

三是个人因素，例如观众的个人性格、个人观念、艺术修养等。

（三）演出市场的概念

从营销学角度来说，演出市场是指观众需求，指观看演出的现实观众和潜在观众需求的总和。

演出营销也是从这个意义上来研究演出市场的，即把观众作为演出市场来进行研究。

现实的观众是市场，潜在的观众通过有效的宣传和促销，进行必要的引导也可以称为市场。

演出市场是现实观众与潜在观众需求的集合，市场的大小取决于观众的数量。现实观众的存在主要应具备三个条件：兴趣、收入、机会。

（四）观众购票行为的决策过程

观众购票观看剧场演出分为两种情况。一种是有针对性的，是指观众对剧场演出的内容有一些了解，对演出的表现形式或演员感兴趣，有前去观看的意愿。另一种是无针对性的，是指观众对演出不太了解，由于自身存在丰富精神生活和寻找生活乐趣的需求，或者一些团体由于公关的需求，而将观看剧场演出作为满足需求的一个备选方案。

经过整理和分析会发现，对于无针对性观看演出的观众而言，其购票行为一般要经历五个过程：需求意愿、收集信息、方案评估、购票决策、观看后反应。

（五）演出营销渠道

演出营销渠道主要有三种方式。

一是演出者在自己的场地，或者在其他场地采取租用或合作的方式演出，由自己解决对观众的宣传和销售事务。

二是由经纪公司通过买断或分成的形式来负责演出事务，由经纪公司安排演出的市场推广工作。

三是演出者、场地方和演出公司采用分成合作的方式对外演出，演出者提供产品、场地方提供演出场所、演出公司提供资金，三者分工各有侧重，利润按比例分配。

这三种演出营销渠道可能都需要票务公司的协助来对外售票，票务公司通常会有一个比较完善的售票网络系统。

（六）市场开发

1. 市场开发的概念

市场开发是指除了演出票房，围绕剧场演出而展开的商业经营。市场开发包括与演出相关的产品开发和进一步开拓市场两部分内容。与演出相关的产品开发是指开发与演出有关的普通商品，进一步开拓市场是指挖掘演出产品的其他市场潜力。

2. 与演出相关的产品开发

每部剧目都会印制说明书，综艺演出会印制节目单，高投入的大制作会印制比较精美的宣传册。很多演出通过销售说明书或宣传册获得一些经济收入，若在说明书或宣传册上刊登商业广告，也会获得一些广告收入。

能够长期演出的戏剧产品都会考虑开发演出纪念品，或者称作周边产品、衍生产品，在每场演出的开始前和结束后，会将其摆在剧场的前厅售卖。常见的与演出相关的产品有印刷品、服饰、生活用品、音像产品等。印刷品通常有宣传册、画册、书籍、乐谱、明星卡片等；服饰通常有 T 恤衫、连帽衫、棒球帽、背包、手包等；音像产品通常有 DVD 碟片、CD 唱片等。此外，常见的演出纪念品还有主角的树脂塑像、毛线玩具、U 盘、钥匙链、纪念章等。

开发与演出相关的产品是需要成本的，如果演出效果不佳，那么这些产品很可能难以销售，反而会带来演出之外的损失。因此，开发与演出相关的产品需要慎重。只有这台演出产生影响力，能够长期上演，具有一批忠实的观众，才能考虑开发周边产品。

3. 进一步开拓市场

进一步开拓市场能够增加剧场演出的经济收入。转让演出权、转让改编权、植入商业广告、通过电视台或视频网站转播等都可以带来现场演出票房之外的经济收入。

其他常见的形式还有在演出现场摆放赞助商的产品或设置企业形象宣传位，在演出中或演出场地的宣传栏及演出宣传品上植入商业广告，在电视转播或音像产品上打出鸣谢等。

三、演出信息传播

演出信息传播是指演出经营者通过媒介将剧场演出的主要信息传达给目标观众。在实际工作中，演出信息传播通常称作演出宣传。当剧场演出对外公演以后，演出经营者总是希望有更多的观众前来观看，并获得更多的票房收入。这就需要通过宣传来扩大影响，让更多的潜在观众知道这台演出的相关信息。

（一）演出宣传策略

剧场演出因类型、规模、演员构成的不同，在宣传方面所采取的措施也会有所不同。即使演出产品非常优秀，如果不做宣传，观众也有可能因无法获取演出信息而错过观看的机会。因此，宣传对于演出运营工作来说是非常重要的。

剧场演出宣传通常分为以下两种方式。

1. 剧院的统一宣传

剧院会将包括新制作剧目在内的全年演出项目做整体规划，统一宣传。剧院一般通过官方网站、公众号、演出预告宣传册、月刊等渠道将演出信息整体发布出去。另外，剧院通常有品牌效应，有固定的观众群。当剧院的忠实观众看到演出信息以后，会安排适当的时间前往观看。

2. 演出项目的单独宣传

演出经营者若专注于某一个演出项目的经营，会针对这个项目制定宣传和销售策略，会尝试采用不同的媒介将演出信息传达给目标观众。

（二）宣传步骤

演出宣传具体实施通常分为宣传初始、正式推出、操作跟进和信息更新等四个步骤。

1. 宣传初始

在演出宣传的初始阶段，要向社会广泛发布演出信息，并通过观众的反应来调整宣传媒介。判断媒介选择是否恰当，最有效的方式是观察演出咨询和票房销售的情况。这个阶段的宣传工作要求演出项目在观众群中建立广泛的认知度，并具有一定的美誉度。

演出项目的特点不同，初始宣传的时间也不尽相同。通常在演出前一个多月应发布信息，告知观众演出的基本信息，包括演出类型、主要演员和演出的时间、地点等。当观众知道剧目名称以后，若对此感兴趣会上网进一步了解相关信息。观众所关心的主要信息有故事情节、创作背景、主要创作人员和主要演员、演出精彩片段、演出主题音乐、演出精彩画面，以及演出所采取的表现形式等。这些素材应及早放在网上，并且让观众可以通过关键词搜索到。

2. 正式推出

演出宣传正式向观众推出时，要集中力量将宣传材料通过有效媒介传达给更多观众。要让观众进一步了解演出信息，以及演出项目所具有的特色。

若演出项目有其他背景材料，将其整理后对外发布可以起到宣传的作用，也可以设定一个能够引起广泛关注的话题，在潜在观众中引发交流或探讨，引起大众的关注，从而达到提高影响力、扩大受众群的目的。

经过前期的调研和准备，信息发布的媒体和方式可以按预定的计划选择，无论是文字、图片，还是音频、视频资料都要充分利用。中小型演出要根据观众定位有针对性地选择媒体，大型演出的宣传费用较高，可以做到全方位、多角度、多层次同时推出，要达到目标观众大多都知道演出信息的效果，形成广泛的社会影响。

3. 操作跟进

随着正式演出的时间日益临近，此时的演出信息传播需要跟进，要进一步采取措施把观众吸引到剧场中来，要造出“声势”。通常的演出信息很难让潜在观众做出判断和决定，因此可以通过提供更新的信息、分享剧组趣闻、安排相应的社会活动、剧组探班等，让更多的人在生活和工作中谈论这台演出及演出的相关话题，让有关演出的逸事在观众中广为传播。

4. 信息更新

演出开始后，要不断地更新宣传内容，使处于观望之中的潜在观众对该演出产生兴趣，引导并促使潜在观众萌发购票观看的欲望。

（三）演出宣传资料

演出经营者要传播演出信息，首先要准备好宣传材料，将宣传材料组织起来综合运用，才可以通过适当的传播途径传达到目标观众那里。

1. 文字材料

文字材料是适用于演出宣传的一种很重要的材料，包括故事梗概、创作背景、主创人员、媒体评论、演出花絮等。

2. 图片材料

图片材料包括彩色印刷品和照片，属于非常直观的平面宣传材料。主要用于广告牌、海报、演出说明书、宣传单、场刊等。

3. 音像材料

音像材料是指音频和视频素材经过编辑整理后可用于宣传的视听材料，主要应用于广播、电视和互联网等媒体传播。

（四）信息传播的途径

演出信息传播的主要途径有两种：一种是口头传播，是指熟人之间或有关联的人群之间的传播行为；另一种是媒体传播，是指通过传播媒体向不特定的社会大众或目标观众所做出的传播行为。信息传播的途径有以下几种。

1. 新闻传播

新闻传播是演出信息传播的一种重要形式。剧场演出作为一则文化新闻可以在报纸、互联网、广播、电视等媒体的文化新闻里传播。由于新闻的特点是仅限于将演出信息传达给大众，因此缺少对演出的渲染和对观众的引导作用。当然，并非所有的剧场演出都能受到文化新闻的关注，只有那些弘扬社会主义核心价值观、深受观众喜爱的剧场演出才有可能得到新闻媒体的关注。

（1）新闻稿

新闻宣传离不开新闻稿，新闻稿是统一提供给媒体的新闻发布稿。在新闻稿里要明确剧目名称、主要演员、主要创作人员、故事梗概、演出时间和地点、背景材料等与演出相关的事项，避免记者在刊发信息时出现内容上的错误。若有可能，可以组织人员撰写若干新闻稿，将它们分发给不同的媒体，使记者们稍作改动即可刊发。这样做一方面可以提高演出信息在新闻媒体上出现的概率，另一方面可以提高演出信息的刊发效率。

（2）新闻发布会

召开新闻发布会要准备好记者可能提问的问题答案。除了新闻稿上出现的信息，还要准备记者可能会提问的有关演员和演出制作经费等更多制作细节方面的问题。记者到场时要做好登记，并给每人发一个资料袋。资料袋里有新闻稿、存有演出制作的工作照片或演出照片的 U 盘，若有需要可以再放一份拟定的新闻稿，甚至可以给他们提供演出精彩片段的视频资料。

2. 广告宣传

剧场演出广告宣传的基本功能是传播演出信息，扩大演出影响，吸引观众注意，引起观众兴趣。广告宣传是演出信息传播常见的和有效的途径。

3. 开放参观及剧组探班

开放参观及剧组探班都属于为演出宣传安排的公关活动，是将剧场演出的某个环节工作对公众开放，有利于引发观众的好奇心和关注，拉近演出与观众的距离，目的在于吸引更多的观众走进剧场观看正式演出。

4. 主题展览

主题展览分为两种形式。一种是将演出专门做成一个主题进行展览。如果一台大型演出的第一轮演完以后，很受观众的欢迎，就可以将演出中使用过的服装、道具和布景的主要部分，以及排练、演出剧照等材料组织在一起举办一个展览，如果能够把演出中的特殊效果再现会更有吸引力。

另一种是参加演出交易会。在演出交易会上，各演出单位都会把自己的演出产品展示出来，以期能获得更多的合作机会。

第七章　娱乐演出经营管理

第一节　电视综艺经营管理

一、相关概念

“综艺”，并非“综合的文艺 / 艺术”的简称。综艺节目的形态主要起源于美国的广播节目和电视节目。当年，美国 NCC 无线电台为了在激烈的市场竞争中争取更多听众，提出了把各种类型的节目组合在一起的大胆设想，并开播了前所未有的周末广播节目 *Monitor*。后来，美国 NBC 将这一广播节目搬上电视开播了《明星剧场》，加上 CBS 的自办节目《城中大受欢迎的人》，这三者在电视界产生了始料未及的轰动效应，成为电视综艺节目发展的基石。此类节目被称作“Variety Show”，即由一系列短小的歌曲、舞蹈、幽默剧组成的节目。

20 世纪 60 年代，随着综艺节目的发展与成熟，美国走上了向海外渗透、输出的发展历程：首先是欧洲，然后是日本。20 世纪 70 年代，中国台湾和香港地区也开办了此类节目，将其称为“综艺”。自此，综艺节目在我国生根发芽，逐渐丰富并不断演化。

（一）传统综艺

经过近70年的发展与演变，欧美国家的电视综艺节目体系已相当成熟，其对我国的影响可以说是广泛且深刻的。我国的电视综艺节目虽然起步较晚，却按照自己的节奏循序渐进地发展着。从《综艺大观》到《快乐大本营》，再到《幸运52》和《开心辞典》，我国电视综艺节目的功能从宣传教育发展到以娱乐为主的多样化功能，这一阶段被称为“传统综艺时期”。电视综艺节目是一种时空综合艺术，具有声像兼备的特点。在综艺节目中，音乐、舞蹈、戏剧、游戏、故事、杂技和魔术等艺术门类都可以被包容进去，又可以选择其中多项，根据内容需要，进行自由灵活地编排、组合。

这一阶段的电视综艺节目基本上严格秉承“综艺”一词自引入之时的内涵：variety，即丰富、多元。也正因如此，电视综艺节目可以凭借包罗万象的优势，在短时间内成为与新闻节目、电视剧比肩的又一强势电视节目类型。

从电视技术层面来讲，电视综艺节目体现了各种表现手法和各种电视艺术构成元素的综合，是经由“电视化”之后的综合性。同时，从文化形态学来说，电视综艺节目又是多学科的综合性文化，如社会学、心理学等。从文化价值取向的角度来说，电视综艺节目体现了电视高雅艺术与大众通俗艺术的综合。由此延伸，电视综艺节目更是不同受众群体在不同属性和层次上的广泛综合。

（二）大综艺

21世纪以来，以户外竞技、音乐比拼、语言较量以及婚恋、亲子为代表的综艺节目，在各大省级卫视的荧屏展开激烈竞争。

电视综艺节目是指借助先进的电视技术手段，综合运用多种艺术创作手法，如独特的视觉造型、高超的影音声光效果、自由的时空转换等，广泛地将音乐、舞蹈、游戏、喜剧、小品等多种艺术形式以及非艺术形式（如真实记录）融合成一个和谐、丰富的有机体，用以满足受众多层面、差异化的审美、娱乐、休闲和享受需求的电视节目形态。这一概念不仅包含传统意义上的综艺形态，更在原有概念的基础上有所扩充和延展，故称为“大综艺”。

从汉语语词结构上看，“综艺”作为形容词时，指综合性的艺术，即强调综艺节目包罗万象的优势以及融会贯通的编码方式。

从艺术的释义上看，“综艺”中的“艺”不再仅指音乐、舞蹈、游戏、喜剧、杂技、魔术等固有的艺术形式，而更强调非结构化、真实记录的非艺术形式，这一点在时下火热的真人秀节目中得到了充分展现。

从侧重点的转移上看，综艺晚会时代主要是关注“内容制作与传达”，受众即节目的“看客”；进入游戏娱乐时代再到益智博彩时代，我国电视综艺节目的受众早已从“看客”成为节目的积极参与者。他们不仅参与节目的互动，更参与节目的策划、评价等诸多环节，只有以受众需求为重，电视综艺节目才能获得创新和发展。

二、主要形态

文化、艺术的变化发展，突出地表现为文化、艺术主要类型和主导形态的更替及演化。在不同历史时期有不同的综艺节目类型占据综艺舞台的主导地位，展现着电视综艺节目形态的历史变迁。

（一）综艺晚会时代

在中国，20 世纪 80 年代，多个省级电视台在电视综艺节目领域进行探索，如广东电视台《万紫千红》，上海电视台《大世界》《大舞台》，北京电视台《黄金乐园》等，然而尚未成熟，这些节目都未能延续。

1990 年，由中央电视台推出的《综艺大观》《正大综艺》，成为我国首批真正意义上的电视综艺节目。延续 14 个年头的《综艺大观》从其前身《文艺天地》节目的基础上扩展而来。《综艺大观》集音乐、舞蹈、相声、小品、戏曲、杂技等多种艺术门类于一体，经由巧妙的编排和艺术表现，由相对固定的节目主持人与现场观众进行面对面互动，最终呈现给电视观众。

在央视的带动下，全国省级卫视纷纷开办了诸如此类的综艺节目。

这一时期的综艺节目注重节目的宣教功能及其审美的艺术功能。"演员 + 表演"成为该时期的主导节目形态，演员成为节目的绝对主角，舞台表演建构着节目的主要内容，主持人则作为贯穿节目的逻辑元素。

电视综艺节目综艺晚会时代的到来为我国电视媒体和百姓生活带来了诸多积极影响。

一是电视媒体对文艺元素的整合开始出现栏目化趋向，"春晚"的新民俗倾向开始在节目中展现。

二是诞生并造就了我国第一代真正意义上的电视节目主持人，主持人不再仅仅是报幕员，而是成为节目风格的造就者和代言人。如倪萍、杨澜、周涛就是代表。

三是在社会观念不太开放、娱乐方式极其匮乏的时期，综艺晚会的节目形态不仅为观众带来了前所未有的审美体验和享受，更是丰富了人们的精神文化生活，促进了社会文明的发展和进步。

（二）游戏娱乐时代

20 世纪 90 年代中后期，我国的电视综艺节目经历了一次具有划时代意义的变革，以《快乐大本营》为代表的游戏娱乐节目成为新的主导综艺节目形态。

作为掀起第二次综艺浪潮的《快乐大本营》，以其“广泛的参与性、多彩的娱乐性、强烈的刺激感以及巧妙的编排构思”成为游戏娱乐综艺时代的代表性项目。

游戏娱乐时代的到来给我国的电视生态带来了深刻的影响。一是电视综艺节目开始出现向娱乐本质属性回归的倾向；二是节目形态的变迁、节目理念的翻新自此成为电视综艺节目生存发展的常态。

（三）益智博彩时代

21 世纪伊始，以普通民众参与、知识问答为主导元素的益智博彩节目开始进入观众视野。中央电视台推出的《幸运 52》和《开心辞典》将此类节目推向了综艺节目竞争的高地。

《幸运 52》于 1998 年开播，该节目是在英国 BBC *GoBingo* 节目形态的基础上改造而来。在英国，*GoBingo* 是纯粹的益智博彩节目，高额的奖金是节目的首要吸睛点。央视在进行本土化改造时，强调游戏与知识的充分融合。广泛的受众定位，寓教于乐的节目形式，公益性的节目说辞，台上台下、场内场外的积极互动以及幽默风趣的主持风格，让《幸运 52》赢得了受众的一致好评。

2000—2004 年，益智博彩型综艺节目成为综艺节目的主导形态。此类型节目具备以下突出的特点：一是博彩的刺激性和竞争的激烈性；二是互动的广泛性与主题的公益性。

（四）传统真人秀时代

2000 年，由哥伦比亚广播公司（CBS）制作的《幸存者》栏目播出，标志着电视真人秀节目开始进入观众的视野。

“真人秀”综艺节目形态通过真实的记录以及一定的艺术加工，展现参与者在某种情境中，为了达到预先设定的目标，按照既有规则所进行的竞争行为。在节目中，参与者的行为都是其自我的真实展现，而这也正是此类节目的魅力所在。

2004 年，湖南卫视推出《超级女声》，创造了超高的收视率，成为某种具有社会化意义的时尚符号。

“真人秀”这三个字可以概括这一形态综艺节目的特质。一是“真”，即强调节目的纪实性；二是“人”，不论参与者是明星还是普通人，都是聚焦人物性格、人格、行为的节目；三是“秀”，指节目的表现手法和预设规则，即通过“秀”来展现节目参与者的一切，更为普通人搭建了一个展示自己、成为明星的闪耀舞台。

（五）慢综艺时代

慢综艺真人秀，在某种程度上是引领生活态度的真人秀节目。这类节目一改传统真人秀节目的竞赛形式，不以“快”和竞技论英雄，而是着眼于“慢”下来品味生活，重构了受众对于综艺真人秀的传统认识。

湖南卫视推出的生活服务纪实节目《向往的生活》、青春合伙人经营体验节目《中餐厅》、东方卫视从韩国引进的明星旅行真人秀节目《花样姐姐》等，都是将嘉宾置于一个放松的环境里，使其远离自己日常忙碌的身份，投身到一个全新的时空里，与其他嘉宾一起度过一段镜头下的“闲适生活”。

（六）文化综艺新时代

近年来，在陆续问世的文化类综艺节目中，受众得到了一种前所未有的文化滋养，并建立起强烈的文化自信，这也正是文化类综艺节目“叫好又叫座”的根本原因所在。

从《中国汉字听写大会》《中国诗词大会》，到《经典咏流传》《朗读者》，再到《国家宝藏》，一系列高水平、高质量的文化类综艺节目开始

“霸屏”，并富有创造性地突破了之前传统综艺节目的发展瓶颈。应该说，从创意到最终执行，文化类综艺节目设置了比传统综艺节目更高的文化门槛。参与其中的观众、主持人、专家，都需要具备一定的文化素养，方能开启良性的互动。比如节目中的很多环节，会涉及文化、历史、文学、艺术等学科的专业知识，不仅需要独具匠心的设计，更需要严谨的学术态度，这也正是这类节目被津津乐道、独具魅力的关键所在。可以说，文化类综艺节目找到了以综艺节目提高受众文化品位和增强文化自信的适宜方式和路径。

三、经营与管理

（一）电视综艺节目的生产机制

电视综艺节目的生产机制包括具体的综艺节目生产情境、具有一定能动性的生产主体以及其参与下的动态过程，包含制作主体、播出主体、收看主体、宣推主体、运营主体，也包含由此涉及的体制、资金、技术、创意、人才等各方面因素。

1. 制作主体：深刻影响着电视综艺节目的内容与质量

早期我国电视综艺节目的制作主体集中在电视台，如中央电视台以及各省级电视台，体现出制作主体与播出主体捆绑合一的特点。随着电视综艺节目的发展，一些民营制作公司也参与到节目的制作过程中来，与播出主体相对独立又彼此合作。近年来，视频网站快速发展并成为综艺内容生产的强势主体之一。

多元化的制作主体和方式促进了节目类型的创新与多元化发展，从而能够向受众提供更丰富的综艺节目内容。

2. 播出主体：制约着电视综艺节目的收看终端选择

随着 4G 网络的普及和 5G 时代的到来，以及手机网民数量的持续增长，移动终端已经成为观看内容越来越主要的途径。因此，很多短视频平台上涌现了大量“微综艺”，以碎片化的信息向受众提供快餐娱乐。

3. 收看主体：电视综艺节目的受众画像描绘

如今，大数据技术可以更加精准地描绘受众的观看行为特征，具体到年龄、性别、地域、喜好等。这些数据的抓取和分析，有益于节目制作主体更加了解自己的受众，也更容易触发互联网的病毒式传播效应。

电视综艺节目从“我播你看”时代进入“你看我播”阶段，热门话题对节目内容的影响更加深远。

4. 宣推主体：电视综艺节目影响力的重要筹码

一个好的宣传与推广团队，能够让电视综艺节目更加有话题性、参与度和消费热度，并借此完成综艺节目影响力的构建。

在网络时代，电视综艺节目的宣推已经成为高度专业化的行业，涉及话题选择、话题引导、培育意见领袖等。

5. 运营主体：电视综艺节目的产业链条环节

随着市场经济的进一步发展，综艺节目已经不单纯局限在娱乐节目的领域，转而走向更加广阔的产业世界。

例如，东方卫视播出的《女神的新衣》开发服装品牌，促进节目受众成为消费者，实现了电视综艺节目创收新模式。

（二）创新是运营管理的核心

从电视综艺节目的诞生与发展历程可以看出，创新是镌刻在其基因中的重要元素。电视综艺节目是一个多元要素的集合体，策划、生产、播出、宣推、运营缺一不可，创新更是深刻融入其生产机制的每个环节当中。

1. 电视综艺节目创新的动力

电视综艺节目的创新行为有着特定的目标和功能，它不仅包括创新主体的自觉性创新，还受到外部生态环境的影响，如社会环境、文化环境、科技环境等。所以电视综艺节目创新的动力是指能够激发创新主体产生创新的想法，从而推动节目创新的各种外部因素的总和。

一是政策引导推动。牢牢把握正确的政治方向，强化价值引领；坚持以人民为中心的创作导向，坚决遏制追星、泛娱乐化等不良倾向；鼓励以优质内容取胜，不断创新节目形式；加大网络生态治理，促进行业良性发展；加强收视率调查数据使用管理；落实意识形态工作责任制。

二是市场竞争需求。需求的牵引力以及竞争的推动力成为综艺节目创新的主要市场动力。在信息呈现碎片化、个性化的时代，受众需求出现了不同程度的分化，特别是在电视受众不断老龄化、青年受众不断流失的状况下，分析每一个细分个性化族群的特质，研究每一类，甚至每一个受众的个性与心理需求便显得极为重要。

三是文化创新驱动。电视综艺节目创新的动力是指能够推动电视综艺节目产生良好社会效益的各种影响因素。回归文化母体，探索文化源泉，将电视综艺节目打上中国的烙印，必将对创新产生深远影响。

四是技术进步促进。电视媒体对技术有较大的依赖性，科技为电视综艺节目创新提供了源源不断的动力。

2. 电视综艺节目的形态创新

一是理念创新。符合政策需求，减少不确定风险因素；提升共情能力，以普适价值观引发观众热议；开发节目新品类，拓展教育社会服务功能。

二是元素创新。角色的创新是指创新电视综艺节目中各种人的因素，例如人工智能技术让虚拟主持人在电视综艺节目中得到广泛应用；时空因素的创新是指电视综艺节目已从室内演播室节目的低成本录制，到户外真人秀纪实类节目的录制，再到结合两种类型优势的观察类综艺节目的录制，在情境和场景上可以有更多想象的空间；规则的创新是指电视综艺节目规则的设计和游戏、竞赛的任务设计，好的规则设计能激发节目参与者的好胜心和参与度，有利于形成节目中的戏剧冲突。

3. 经营模式的多角度创新

全媒体时代，以网络、手机为代表的新媒体打破了传统媒体自上而下的单向传播方式，以对传统媒体全方位、深层次的冲击和影响改变了媒体格局，改变了媒体市场的竞争环境、竞争态势甚至竞争规范。这对电视综艺节目的经营提出了更高要求。为此，电视综艺节目要适应社会信息持续推进带来的媒体市场的新情况、新环境、新态势和新规范，通过与新媒体融合发展来推动自身经营模式的多角度创新。

（1）以内容为纽带，建立利益共享的经营模式

电视综艺节目经过数十年的积累，已经形成了专业的内容生产队伍和成熟的内容生产机制。这种长期形成的在位优势是新媒体所不具备的。在融合发展的大背景下，电视综艺节目应利用自己的内容优势，与新媒体的传播和渠道优势相结合，打造与新媒体利益共享的经营模式，通过新媒体的渠道，依靠新媒体的传播方式使自己的内容覆盖更大的市场。

（2）以技术为纽带，建立优势互补的经营模式

电视综艺节目是对电视综艺节目技术，特别是新技术的认知和使用，这决定着电视综艺节目内容的生产形态、运作方式和传播效果。全媒体互动平台包括电视互动平台、网络互动平台、手机互动平台等多个子平台。各个子平台围绕中心平台发挥作用，既是信息采集渠道，也是信息发布渠道，既能独立完成任何一项任务，又能相互配合，共同完成单项或多项任务，能够做到信息资源的共享、互通，立体覆盖，集群传播。

（3）以受众为纽带，建立基础共通的经营模式

电视综艺节目在经营模式创新中应重点考虑如何与更多的受众发生关系，如何与受众发生更深层次的互动，以期保持既有受众和吸引流失的受众。电视综艺节目可以整合新媒体，利用这些适合主流受众心理特点的方式拉近与受众的距离，并最终把他们转化为自己的受众。在媒体市场日益细分和窄众化的今天，更需了解哪些人是自己的受众，特别是哪些人是自己的忠实受众，这些受众的心理需求和行为特征有什么特点等，这对电视综艺节目的发展至关重要。

第二节　音乐演出经营管理

一、相关概念

（一）音乐演出的基本概念

音乐演出也称音乐表演，是音乐的再创作活动。音乐演出与音乐艺术的发展关系密切，各种体裁样式的不断涌现与逐步多样化，既源于复杂的

社会因素，更是与音乐演出的手段以及所采用的表演方式密切相关。

对于创作和演出来说，一方面，作曲家通过演奏来调整、确定自己的构思，其对音乐表现能力的追求推动了演出艺术的进步；另一方面，演出技巧、场景、形式的发展，也丰富了创作的表现手段，通过演出，从听众的反应中可以检验产品的社会效果。

对于听众来说，音乐演出不但是欣赏、理解音乐内容与形式的必要手段，而且提供了一个平台使听众通过比较不同的音乐演出，来欣赏、鉴别、认识由于表演者对乐曲的不同解释而被强调的音乐特质，了解不同的演奏风格、表演流派以及表现技巧，促进听众对音乐的欣赏和理解。

（二）音乐演出管理

1. 音乐的呈现

音乐最初是时间的艺术、听觉的艺术，随着演出形式、场景的不断创新发展，视觉艺术也加入其中，丰富了音乐演出的观感。

最早，音乐以口传心授的形态存在，随着人类文明的演变，产生了记谱法，让动听的旋律得以流传。现代印刷术发明以后，以曲谱为文本载体形式的音乐被不断传播。随着科技的发展，录音得以记录音乐这种听觉艺术，从黑胶唱片、磁带、CD 等物质化载体演变到互联网时代的数字音频，音乐艺术的呈现始终依赖于乐谱、录音、现场表演这三种形态。

2. 音乐艺术管理

音乐艺术在人们的生产生活中广泛存在，无论是作曲者的音乐创作、表演者的现场表演、录音制作者的录音，还是音乐组织进行的各类音乐活动，以及各类音乐群众活动、音乐传媒艺术等都属于音乐艺术的范畴。

如今与音乐相关的组织可按照音乐存在形态进行分类，即音乐表演组织和音乐录音组织，例如，交响乐团以进行音乐表演为主，虽然也参与音乐录音工作，但音乐表演仍然是其主要职能。唱片公司则运用现代科技手段，以音乐录音为主要生产方式，也以艺人演出作为其盈利模式，艺人演出的前提是基于音乐录音产品。

由此可以看出，音乐艺术管理是以管理学理论及方法为基础，重点围绕音乐艺术现场表演的策划、营销、演出等，以及音乐录音的制作、传播、版权等而展开的管理过程。

二、音乐组织

（一）传统唱片业下的音乐组织

在实体唱片时代，唱片公司主要以音乐录音的实体产品（磁带、激光唱盘、黑胶唱片等）为主要生产经营对象。

传统唱片公司的部门结构围绕唱片的创作、制作、宣传和发行建立，拥有完整职能的唱片公司包括决策部门（如公司主席）、行政部门（法务部、会计部等）、业务部门（国际业务部、艺人管理部、企划部、宣传部、制作部、发行部、市场部、销售部、演出部等）等。小型唱片公司通常不会具备如此精细的职能部门，但会将其缺失的职能外包给其他专业机构。

唱片厂牌的基本功能是艺人管理、音乐制作和市场营销。艺人管理部门负责艺人发掘、签约和管理，音乐制作部门负责音乐的录音制作，市场营销部门负责宣传、广告、公关、销售等。

我国当代唱片公司主要分为三种类型。一是国际唱片公司，如环球、华纳、索尼等；二是本土唱片公司，如中国唱片集团有限公司（原中国唱片总公司）、太平洋影音有限公司、广东星外星文化传媒有限公司等；三是中外合资唱片公司，如滚石、海蝶、福茂等。

在音乐录音载体机械化复制的时代，实体唱片销售是音乐唱片公司重要的收入来源。唱片生产系统负责唱片的录制、复制生产，唱片发行系统负责分销唱片。在众多的歌手中，通常也只有少数人的唱片能够大卖，为唱片公司赢得利润。

（二）数字音乐时代的音乐组织

音乐产业的发展以音乐录音产品的大规模复制为基础，其发展历程可以分为机械复制和数字复制两个阶段，主要区分依据是音乐录音的存储、发行和播放方式。

数字化时代，移动互联网和智能手机大规模取代了传统的音乐存储与播放方式，通过在线音乐服务软件，听音乐变成了可以在任何时间或地点进行的行为。音乐的数字化复制，给音乐产业及相关组织带来了新的行业特点。

数字音乐是指通过数字技术进行制作、存储、复制，并通过在线网络或无线网络进行传播、消费的非物质形态的音乐。其分类方式有多种。按照音频文件的压缩编码格式分类，主要有 WAV、APE、AIFF、MP3、AAC、WMA、MIDI 等。按照信息发送（网络接入）方式分类，可分为在线音乐和无线音乐两种。在线音乐是指以运营商提供的有线互联网络、WI-FI 或免费热点为传播渠道，最终由服务提供商提供到个人计算机或移动终端进行下载或者播放的音乐，也称为互联网音乐。无线音乐是指通过电信运营商接入电信服务移动互联网获取的音乐，包括手机铃声下载、彩铃、整曲音乐下载等，也称为手机音乐或移动音乐。

数字音乐产业链的上游由唱片公司、从唱片公司购买版权的数字音乐制作公司、音乐版权人、原创音乐创作者等内容提供者组成，负责提供音乐产品，称为内容提供商（Content Provider，CP）。

中游由服务提供商（Service Provider，SP）、电信运营商（Operator

Provider，OP）、服务平台提供商（如门户网站、综合性 SP 公司和拥有自主音乐资源的公司等）、提供音乐播放设备及软件的供应商等组成。

下游是终端用户，即最终消费数字音乐的用户，他们通过互联网或者移动通信网络在线收听音乐或下载到播放设备上收听音乐。

三、音乐艺术产品的特性与分类

音乐是一种满足人们审美、娱乐需求的艺术内容，不论是乐谱、录音（传统唱片或数字音乐），还是音乐演出，都可供受众消费，是一种艺术产品。

音乐艺术产品主要包括艺人、演出产品、录制音乐产品、视听产品等。

艺人是音乐表演者，是音乐产品的传播者，也是各类音乐产品的核心。

演出产品是由音乐表演者在特定场景中完成的音乐艺术内容，可分为音乐会（器乐、声乐）、演唱会、音乐节、小型音乐现场演出等，还有包含在综合演出产品，如戏剧、文旅演出、综艺晚会中的音乐。

录制音乐产品是指录音形态的音乐产品，包括音乐录音的物化形态和数字形态。

视听产品主要包括音乐电视、音乐纪录片、歌舞电影、歌剧电影、宣传视频等不同功能和形式的产品。

四、音乐演出产品的策划

音乐演出产品的策划通常涉及艺术家规划、演出策划、唱片企划等，是指艺术组织按照音乐艺术的规律，围绕音乐产品、艺术家进行的计划和规划，包括音乐产品计划、艺术家及艺人规划、音乐组织生产规划等。

中国大陆的艺术组织大多数使用“策划”一词，台湾地区的音乐唱片公司习惯使用“企划”来描述音乐产品的规划，与“策划”等义。

（一）音乐演出产品策划的基本原则

1. 组织定位

组织定位指中心目标和运作范畴，简单来说就是音乐演出是以盈利为目的，还是更注重社会效应或公益性。只有首先确立组织定位，才能围绕其开展活动。

2. 成本控制

音乐演出产品策划要遵循成本控制的原则，即根据演出组织内部的财务状况，将产品生产的成本因素考虑在内。演出管理人员要在音乐演出产品的策划和实施生产过程中进行严格的财务控制，建立标准的财务管理流程。

3. 艺术个性

音乐演出产品策划应重视艺术家的创作个性。单纯的艺术产品主要为了体现艺术家的创作理念，常常是非常个性的。音乐演出产品不论是以盈利为目的，还是公益性质，都有其产品属性，在策划时需要考虑到受众的接受度，既不能将受众抛在一边，做单纯的艺术表达，也不能过度迎合受众，而应该在艺术品质、受众需求、经济社会效益之间找到平衡点。

（二）音乐演出产品的策划流程

音乐演出产品的策划是演出团体最重要的规划，如果没有好的产品策划，宣推和运营就很难开展。其策划流程如下。

1. 根据组织定位设计产品

根据演出的目标与宗旨来设计产品形式，要考虑到国家政策导向、社会环境、消费者习惯等因素，以盈利为目的的音乐演出产品需要更多地考虑产品的市场价值。

2. 确定产品的艺术标准

艺术产品的多样性和复杂性决定了艺术组织难以制定统一的质量标准体系，但可以将艺术水准作为评价指标来进行质量管理。音乐演出产品的艺术水准通常会从媒体评价、专家评价和消费者评价等方面来考量。

3. 确定产品内容和创作者

音乐演出产品的题材、风格、形式、创作方法是艺术家的选择，而对艺术家的选择则取决于音乐演出的管理者。音乐演出的管理者需要建立对产品生产和对艺术家选择的方法和流程，需要将艺术委员会、专家委员会、财务人员、市场营销人员、评估机构的意见纳入立项评价体系。

（三）音乐演出产品的制作

1. 音乐会制作

在音乐会的制作中，声音效果尤其是演出场所的音响条件是首要考虑因素。通常在专业音乐厅举办的各种形式的音乐会都不需要进行扩声，音乐厅的混响是评价音乐厅声学条件的重要指标。在非专业音乐厅举办音乐会，为了达到音响的最佳效果，需要进行扩声，音响技术设备、音响师能力是演出制作成功与否的关键因素。

音乐会对于舞美制作的要求并不高，围绕节目内容和演出要求体现主题即可。

音乐会的灯光需要保证亮度、布光均匀，保证乐队、指挥看清乐谱，除了特别的设计要求，专业音乐会应避免灯光闪动。

音乐会的舞台管理需要根据演唱、演奏的编制配置变化，进行不同形式的人员、乐器及乐队摆位。独唱、独奏类音乐会的舞台管理相对简单，根据主演和伴奏乐器的需要，与演员、演奏人员进行沟通，合理安排舞台乐器的摆位。编制较小、配器相对灵活的器乐合奏音乐会，如弦乐四重奏、江南丝竹等，需要考虑到不同曲目编配的特点，调整舞台乐器的摆位。

交响乐队也称管弦乐队，其编制严谨，包括弦乐组、木管组、铜管组、打击乐组、色彩乐器组。其中弦乐组包括小提琴、中提琴、大提琴、低音提琴等乐器；木管组包括短笛、长笛、单簧管、双簧管、英国管、大管等乐器；铜管组包括小号、圆号、长号、大号等乐器；打击乐组包括定音鼓、锣、铃鼓、三角铁等乐器；此外，还有色彩乐器组如钢琴、竖琴等。需要注意的是，每种木管乐器均用两支乐器的称为“双管编制”，每种木管乐器用三支或三支以上乐器的称为“三管编制”，木管乐器的数量常常作为衡量一支管弦乐队编制的单位。

受到西方交响乐的影响，中国民族乐器也形成了民族交响乐的形式。民族交响乐按照拉、弹、吹、打的演奏方式分组，分为拉弦组（二胡、中胡、高胡、板胡、京胡等）、弹拨组（琵琶、中阮、大阮、扬琴、古筝、柳琴等）、吹奏组（笛子、笙、箫等）、打击乐组（大锣、小锣、排鼓、堂城、板鼓等）。在中国传统乐器中，缺乏能演奏持续低音的乐器，因此民族交响乐通常加入大提琴和低音提琴。

2. 演唱会制作

演唱会主要包括以流行音乐为主的个人演唱会、组合演唱会、音乐节、小型音乐现场等室内外演出形式。演唱会具有受众面广、盈利较高的特点，是广受喜爱的演出形式。

大型演唱会的举办场地主要有剧场、体育场馆、户外场地等，大多数演唱会需要临时搭建舞台，舞台“硬体制作”部分要求较高，涉及舞台、音响设备、灯光设备、多媒体设备的搭建和调试。

演唱会的乐队大多采取电声乐队，主要包括键盘乐器、吉他、贝斯、爵士鼓等，有的乐队视需要加入萨克斯、小号等。演唱会需要乐队现场伴奏，对音响设备的要求很高。在演唱会舞美装台完成后，需要进行音响设备的安装和调试。

声音效果直接关系到演唱会的成败，音响系统和音响师是影响演唱会质量的关键因素。

如今的演唱会更加注重调动声、光、电及各种多媒体元素。在灯光设计方面，演唱会的各类灯具设备质量高、数量多，特别是对电脑灯的需求量最大，其次是对各种常规灯、追光灯、探照灯等的需求。灯光师需要理解音乐，从而把灯光的变换与音乐有机地融为一体，烘托演出现场气氛，实现声光的完美结合。

（四）音乐演出产品的推广与营销

1. 推广营销的基础

首先要明确目标受众，为推广营销策略提供科学依据，根据目标受众的喜好与特点，制定个性化的营销策略。

其次要探索多元化的音乐风格与表现形式，引入创新元素，打造独特的音乐活动体验。

2. 推广营销的层次

一是宣传推广。通过多渠道进行宣传推广，提高音乐演出产品的知名度和影响力，吸引更多受众。

二是票务销售。制定合理的票务销售策略，进行线上线下多渠道销售，扩大票务销售范围；制定促销策略，提高受众的购买意愿，尽可能提高票房收入。

三是受众管理。充分利用社交媒体平台，制造话题、组织线下活动等，吸引受众注意，提高受众黏性。

3. 运营策略

一是品牌建设。打造独特的音乐演出品牌，提高品牌价值和知名度。

二是合作伙伴关系。与相关企业建立紧密的合作伙伴关系，实现资源共享和互利共赢。

三是社会责任。关注社会责任，积极参与公益活动，提高音乐演出的品牌形象和社会认可度。

四是跨界合作与创新。探索与时尚、电影、美食等领域的跨界联动，打造新形式的音乐演出产品。

第八章　旅游演艺经营管理

第一节　旅游演艺概述

一、旅游演艺的概念

旅游演艺是伴随旅游业发展而形成的一种特殊演艺形式，目前并没有形成对旅游演艺的统一定义。本书将从旅游演艺的一些相关概念入手，逐步分析旅游演艺概念的内涵与外延。

1. 演艺业

演艺通常是指带有主题性的表演形式，其艺术类型可以包括音乐、舞蹈、诗歌、美术、戏剧等。演艺由于具有高度的综合性，除了艺术表演门类，还会涉及其他相关行业，例如舞美装置、灯光设备、音响设备、服装化妆、票务销售、市场营销等，综合起来是一个完整的产业链，统称为“演艺业”。演艺业兼具艺术性、专业性、市场化等特点，为大众提供了丰富的精神文化产品与服务，是最具有二次开发和产品衍生潜力的原创型文化产业。

2. 旅游演艺的由来

旅游是人们在满足了温饱需求之后的重要休闲娱乐选择，观赏自然美景、了解地方文化、体验民风民俗是旅游的三大诉求。

随着旅游业的飞速发展，游客的旅游诉求和品位在不断提升，旅游目的地的经营者也需要开发形式更多样、内容更丰富的旅游产品来吸引游客。在旅游目的地的经营中，只有增加游客的停留时间，才有可能促进更多消费行为的发生。旅游演艺就在这样的契机下孕育而生。

最初，旅游演艺大多是出现在主题公园或景区内的文娱演出，常被描述为“主题公园文艺表演”“景区文艺表演”等。

以《印象·刘三姐》为代表，我国的旅游演艺找到了将景观、在地文化与表演形式相结合的方法，催生了新兴的“山水实景旅游演艺”形式。随后，旅游演艺进入快速发展期。如今，类似“印象”系列、《宋城千古情》等市场与口碑双赢的旅游演艺产品已成为吸引游客选择旅游目的地的重要因素，这也使得旅游演艺在旅游业中的地位日益提高。

3. 旅游演艺的界定

旅游演艺从形式上看是一种艺术表演活动，面对的受众是游客，其内容主要聚焦于在地文化的民俗风情。

二、旅游演艺的类型

（一）按演出场所移动性分类

依据演出场所移动性，旅游演艺可分为驻场式旅游演艺、巡演式旅游演艺。

1. 驻场式旅游演艺

旅游演艺与旅游目的地深度绑定，目的在于为游客提供更丰富的旅游体验，因此，绝大部分的旅游演艺都在旅游目的地拥有长期固定的演出场所。通常，经过设计、构思的旅游演艺演出场所也会成为旅游目的地特殊的文化景观，成为当地的旅游标志和象征。

例如，“印象”系列《印象 · 大红袍》《印象 · 丽江》等，以及“又见”系列如《又见平遥》《又见敦煌》等，都是驻场式旅游演艺的代表。

2. 巡演式旅游演艺

这类旅游演艺产品对演出场所并没有特殊的要求，在大多数专业剧场均可以实现演出需求且演出场所不固定，通常采用巡回演出的方式来扩大其影响力，展示独特魅力。

例如，《云南映象》就是巡回式旅游演艺的代表。自 2003 年在昆明公演后，先后于北京、上海、杭州、广州、南京等全国二十几个城市进行了二百余场演出，观众超 30 万人次。此外，《云南映象》还到海外进行巡演，将富含民族风情的云南文化传播至海外。

值得注意的是，通常旅游演艺的巡演版都是基于驻场版而衍生制作的，与驻场版相结合，既在旅游景点当地进行演出，也在全国乃至世界各地巡演，很好地将当地的文化精髓向外传播。

（二）按场地类型分类

依据场地类型，旅游演艺可分为户外演出、室内演出两种。

1. 户外演出

（1）实景演出

此类旅游演艺产品主要指以自然山水和人文景观为舞台的大型演出。

演出着重将自然环境作为舞台环境的一部分，突破传统舞台表演带来的空间限制。由于有真实的自然环境和自然元素融入演出中，此类旅游演艺产品具有唯一性和不可复制性。

例如，《印象·刘三姐》的成功演出开创了中国实景演出的先河，此后在全国各地引发了实景演出的创排热潮。

（2）广场演出

此类旅游演艺产品通常在景区里的广场演出。一般在规模较大的主题公园和游乐园中都会有广场演出。例如，环球影城、迪士尼乐园的花车巡游就是典型的广场演出。

广场演出的时间、地点相对固定，能够吸引游客在固定时间聚集到表演场地观看表演。

2. 室内演出

（1）专业剧场演出

此类旅游演艺产品主要是指在旅游目的地专业剧场内进行的演出，如杭州《宋城千古情》、重庆的《重庆·1949》、广州长隆国际大马戏等。

这类演出通常需要根据演出的内容与技术需求进行剧场改造，或是为演出设计打造专用剧场。

（2）宴饮场所演出

对于一些旅游目的地而言，美食也是其重点打造的内容之一。将演出与美食相结合，就催生了“餐秀”这一特殊的旅游演艺形式，例如，保定的《保定宴》、昆明的《吉鑫宴舞》、西安唐乐宫仿唐乐舞等。

（三）按表演主体分类

依据表演主体的类型，旅游演艺可分为演员表演、动物表演及高科技表演。

1. 演员表演

绝大部分的旅游演艺产品都是由演员承接演出，很多旅游演艺会吸纳当地民众担任部分表演人员。这样的举措一方面有利于运用旅游演艺为当地增加就业岗位，另一方面也有利于为游客带来具有在地文化特征与风情的本色演出。

2. 动物表演

动物表演是广泛存在于动物园、海洋公园等旅游景点的演出，大多会选择让动物参与表演。例如，广州长隆国际大马戏就是人类演员与动物表演结合的范例。

3. 高科技表演

旅游演艺常常运用科技手段来为观众制造视听奇观，越来越多的高科技演艺技术被运用到其中，如喷泉、激光、烟花、动感等。如今很多景区推出水秀、灯光秀、投影秀等，就是此类高科技表演的代表。

三、旅游演艺的主要特征

（一）文化差异性

文化差异性是旅游演艺最根本的特征。旅游演艺与普通演艺的主要区别在于客源市场的不同，旅游演艺针对的是异地观众，而普通演艺更多的是服务本地观众。文化差异是构成旅游吸引力的重要因素之一。因此，旅游演艺的节目内容和表演风格要满足外地游客对旅游目的地文化风俗的探求心理，展现出不同于观众平日生活的文化色彩。

（二）长期性

一方面，旅游演艺的演出场所大多需要投入大量资金进行剧场改造及设施配备，资金投入大，且需要更长的演出周期去经营。另一方面，面向异地观众的旅游演艺，游客的不断更替带来巨大的潜在市场，因此如能成功策划与运作，可以做到常演常新、长演不衰。

例如，西安的《长恨歌》就是一个常演不衰的代表作，自2006年公演以来，经历了多次改版升级，并于2021年推出冬季版，打破了北方冬季实景演出零的突破。

（三）娱乐性

游客在旅游过程中更多的是追求一种放松、愉悦的心境，因此，旅游演艺内容不宜过于艰深，应该定位为大众艺术和娱乐艺术而非高雅艺术。即便是古典、高雅、专业性强的内容，也要通过时尚、娱乐的方式来演绎。

此外，旅游演艺通常会综合运用多种艺术表现形式，如舞蹈、杂技等，并融入高科技手段，强化视觉效果，调动和刺激游客的各种感官，营造娱乐气氛，使游客对演出的感受更加丰富，获取更多愉悦的体验。

（四）参与性

具有参与性的活动能充分调动游客的主动性和积极性，使游客获得更多充满惊喜和愉悦的体验。因此，在旅游演艺中，互动环节是需要考虑的重要内容。

（五）衍生性

旅游演艺是旅游业和演艺业相融合的产物。融合后的产业链不断拓展，涉及演出创作、演职人员教育培训、演职人员中介经纪、印刷出版、玩具制造、工艺品制造、旅游纪念品制造、音像制品制造、灯光设备制造、音响设备制造、舞台设备制造、演出道具制造、化妆品生产、服装加工制造、媒体广告、销售代理以及旅游、咨询、保安、保洁、交通、餐饮、住宿、金融、法律等行业，可继续开发衍生产品以加快资金回笼。

四、旅游演艺发展的意义

（一）延长游客停留时间，繁荣旅游目的地夜游市场

游客在旅游目的地的停留时间直接决定着旅游目的地的综合收入，与经济效益密切相关。因而，游客的停留时间一直是判断旅游目的地旅游发展水平高低的重要指标之一。

开发适宜的旅游演艺产品，既能完善旅游产品的结构，又能丰富游客的文化娱乐生活。繁荣旅游目的地夜游市场，是延长游客停留时间的有效手段。

（二）提高旅游目的地经济收益，增加当地居民收入

旅游开发除了能满足游客的需要，带动旅游目的地经济发展，对旅游目的地环境的影响也不容忽视。除了要尽可能减少旅游开发过程中对旅游目的地的破坏，还应考虑到旅游开发与旅游目的地居民生活的良性发展和互动。

（三）加速旅游产品更新，延长产品生命周期

旅游产品像很多产品一样被认为有生命周期，即导入期、成长期、成熟期和衰退期。对于已过了高峰期的诸多旅游产品而言，要保持良性发展，就要不断创新，给游客带来更大程度的满足感。对旅游目的地来说，每推

出一项新的演艺产品，就有可能吸引大批游客，从而成为旅游目的地新的经济增长点。

（四）深度挖掘旅游文化，提升旅游目的地形象

旅游演艺产品作为一种特殊商品，应追求社会效益和经济效益的统一。成功的旅游演艺项目可以吸引游客，延长游客停留时间，带动其他关联产业的发展，从而产生溢出效益。同时，深入挖掘和整合文化资源，是提升旅游演艺产品社会影响力的主要途径。游客可以通过一场具有鲜明地域特色和个性的旅游演艺深入地了解和解读旅游目的地的文化。

第二节　旅游演艺的发展进程

一、原始初创期

我国旅游演艺发展的原始初创期出现在近现代，那时旅游演艺作为一种新的形式出现在国内外重大节庆、会议、展览等活动中，大多与重大节庆关联，采用广场表演的形式。例如，1873 年中国参展方在奥地利维也纳世博会上的盛大演出，1926 年美国费城世博会设立的民俗及社会日中的中国节庆表演等。

除此之外，上海与北京作为我国最具代表性的文化聚集地，开始探索旅游演艺的初级形态。20 世纪 20 年代前，上海出现了大批向游客提供旅游演艺活动的游乐场所，例如新世界游乐场、大世界游乐场、楼外楼游乐场等。其演出内容以戏剧、曲艺、魔术、杂技、歌舞、电影等为主，一度成为上海文化娱乐活动的中心，也被认为是到上海的游客必去的演出场所。

“文化大革命”期间，国内的旅游演艺一度陷入停滞状态，只有极少量用于外事接待的杂技、戏剧表演勉强可算作旅游演艺。

二、成长繁荣期

从20世纪80年代开始，紧跟着改革开放的步伐，中国旅游业迎来新的成长期，随着旅游业的复苏，旅游演艺也逐渐复苏。为了丰富旅游体验，创新旅游观赏模式，增加文化魅力，各大旅游目的地如火如荼地开展各类文娱演出活动，尤其是一些主题公园内的旅游演艺活动，受到了游客们的热烈欢迎，翻开了国内旅游演艺成长繁荣的新篇章。

（一）主题公园内旅游演艺产品崭露头角

从20世纪90年代末开始，国内不少知名主题公园为了丰富游客游览活动、延长游客停留时间，相继在园内设计创排了一系列贴合主题的旅游演艺节目，并获得了预期的成效，引来游客们的一致好评。

例如，20世纪90年代深圳“锦绣中华”“中国民俗文化村”“世界之窗”就是中国现代旅游演艺全面扬帆起航的标志。

（二）专业剧场争相打造旅游演艺产品

此后，除了主题公园，国内其他各旅游目的地，为了改变传统的“白天看庙，晚上睡觉”的旅游模式，优化旅游市场资源浪费的局面，开始试探性地开发旅游演艺产品。

例如，陕西省凭借雄厚的历史文化资源，打造了《唐·长安乐舞》等一批旅游演艺产品，演出场地主要选择在一些大型国有剧院。此类演出受到了国内外团体游客的追捧，成为我国最早聚焦文化遗产的旅游演艺产品。

（三）宴饮场所旅游演艺产品初登舞台

随着几类旅游演艺产品在国内旅游市场上屡创奇功，更多形式的旅游演艺产品也呼之欲出。除了各大主题公园、景区，不少宴饮场所也试探性地推出了一些美食宴舞、茗茶戏曲等形式的小型旅游演艺产品。这类将餐饮与演出融为一体的旅游产品，特别重视游客的参与感，以西安的唐乐宫仿唐乐舞为例，借助精彩的舞台表演及声光电手段，展现唐代宫廷乐舞的韵味，让游客体验当地的美食文化，既饱眼福又饱口福，成为游客喜闻乐见的旅游演艺新形式。

三、扩张升级期

进入21世纪以来，尤其在《印象·刘三姐》大获成功后，国内开始了长达十余年的旅游演艺扩张升级期，形成规模效应。

全国各旅游目的地纷纷涌现出一批制作精良、场面宏大、立意高雅的旅游演艺产品，如丽江、昆明、桂林、贵州、河南等地，都依托优质的自然山水资源，在充分挖掘地域文化的基础上，按照“政府主导、企业投资、市场运作”的模式，进行了独具特色的旅游演艺产品开发，有效激活了潜在的旅游演艺市场，成为增强旅游目的地市场竞争力、保持其可持续发展势头的重要支撑。

国内旅游演艺的进一步扩张升级主要体现在地域分布上的拓展、演出形态上的突破、制作手段上的提高、产业链的日趋完善和受关注度的不断提升等方面。

（一）地域分布上的拓展

不同的旅游目的地因其各具特色的地域文化，结合不可复制的自然风貌，构成了独特的旅游资源。国内许多省份深入挖掘当地文化资源，推出了与其地域文化背景相关的旅游演艺产品，创造出一张张展现当地文化底蕴的“城市名片”。

（二）演出形态上的突破

我国拥有悠久而丰富的历史文化和民族文化资源，以及多样的表演形式如传统音乐、舞蹈、戏剧、曲艺、杂技、武术等，这些资源在创新理念的编排下，结合高科技舞台手段的应用，为旅游演艺注入了蓬勃生机。这一变革引发了市场的热烈反响，展现出十分美好的发展前景。目前，国内的旅游演艺产品从原本较为单一的演出形态发展出多种类型，例如原生态歌舞表演、梦幻多媒体秀、民俗风情歌舞、大型实景演出等，越来越多夺人眼球、令人耳目一新的旅游演艺产品呈现在游客眼前。

（三）制作手段上的提高

鉴于旅游演艺所蕴含的文化魅力及其巨大的拉动效应，全国各大旅游目的地纷纷把握机遇，不断升级迭代旅游演艺的制作手段，力图通过声、光、电等高科技手段为传统演出注入新活力。

（四）产业链的日趋完善

旅游演艺业是无边界产业，相关企业通过价值链分配来组织生产、营销等流程。演艺业与旅游业的融合过程能逐渐放大产业间的协同效应，加快资本积累，共享市场及内部资源、降低交易费用，使旅游目的地获得相对于其他地区的竞争优势。

演艺业是旅游业发展的助推器，旅游业发展则是演艺业繁荣的坚实保障，二者共生共荣、互利共赢。

（五）受关注度的不断提升

旅游演艺在丰富旅游目的地的文化内涵，提升旅游目的地的形象，以及促进地方经济发展方面所起的作用，使其越来越为各地政府、企业所重视。

各方的关注以及各级政府的大力支持，为旅游演艺的发展提供了良好的政策环境和强大助推力。旅游演艺聚集区在文化和旅游相关部门的指导下开展有序竞争与融合互补，在此背景下，国内旅游演艺正在向主题化、专业化、规模化、品牌化的方向发展。

第三节　旅游演艺产品的开发

一、旅游演艺产品的特性

伴随着国内旅游业的发展和持续升温，旅游演艺产品的市场需求增长迅速，由此激发了旅游业与演艺业的良性互动和有机结合。旅游演艺产品日渐成为国内旅游的一种重要潮流，它的出现与盛行是旅游业发展到一定阶段的必然产物。

一方面，旅游演艺活动能够满足人民日益增长的精神文化需求，能够使游客获得更为丰富且深刻的文化体验。另一方面，旅游演艺产品，尤其是大型旅游演艺产品，对于增强旅游目的地吸引力以及提升旅游目的地形象有着重要的意义与作用。

旅游演艺从本质上看是一种文化产品，目的在于吸引更多的游客进行消费。这一产品是彰显旅游目的地文化特质的重要载体和手段，体现了传统文化和时尚理念的交融发展。

（一）旅游演艺产品的创立要素

1. 交通可达

众多旅游演艺产品都选择在旅游景区或者交通便利的地点。对于游客来说，便利的交通是影响他们做出旅游演艺产品购买决策的一个关键因素。交通的便利性有利于游客对于旅游时间的把握。

《印象·西湖》的地点选在岳王庙正对面的岳湖景区内；《印象·刘三姐》的演出地点选择在离阳朔西街步行 20 分钟的地方；《禅宗少林·音乐大典》项目选址在距登封市西 10 公里的待仙沟，距少林寺 7 公里。

如果旅游演艺产品没有设置在旅游景区或者不具备交通可达性，那么其对于游客的吸引力也会大大减弱。因为，游客会去衡量为这场演出花费在路上的时间是不是值得。当更具竞争力的旅游产品出现时，该旅游演艺产品就很容易被游客放弃。

2. 资源获取

旅游演艺是一项经济性的综合活动，因此在开发准备阶段需要进行一系列内外部资源的匹配工作。资源获取不只包括文化内容上的挖掘，还包括对周边环境资源、企业自身资源的充分利用以及资金资源、技术资源、人力资源等，在综合各方面因素的基础上对旅游演艺产品进行开发。

旅游演艺要衍生为市场化的产品，文化资源和人力资源是保持旅游演艺产品活力的重要支撑，资金资源（资金投入）以及技术资源（高科技的运用）将为其提供充足的发展动力。以新媒体为代表的技术资源已经成为旅游演艺产品生产、传播过程中不可或缺的部分。

3. 内容创作

随着人们文化品位的提升，旅游演艺产品开发过程中的内容创作扮演着举足轻重的角色，已经成为旅游演艺价值链中的关键环节。

针对旅游演艺产品知晓度的实际调研结果显示，游客更倾向于以在地文化为依托的旅游演艺产品。那么，在内容创作阶段就应该充分考虑对文化资源的提炼，同时采取错位竞争，同时增加文化价值与社会价值。

4. 生产制造

生产制造过程是旅游演艺企业通过专业设计团队，将抽象的文化产品转换为具体的旅游演艺产品，将创意通过实践落实为具体节目的过程。在这一过程中，旅游演艺企业的工作重心应该放在如何高效率地寻求时间、质量、成本三要素间的平衡的问题上，以确保旅游演艺产品与预期效果一致。

在旅游演艺产品的开发过程中，这一阶段主要体现为演员的筛选、节目的排演、现场舞台的搭建、最终的综合彩排和观众安全容量测试，是一个需要长时间准备的过程。追求时间、质量和成本之间的平衡，首先，要挑选合适的演员，这里的合适不一定是指专业的演员，毫无表演经验的普通老百姓或许也是合适的演员。其次，考验执行团队对表演团队的激励效果，采取合适的激励方法，调动演员的积极性，从时间上和质量上大大减少投入成本。最后，需要注意的是节目现场的安全问题。旅游演艺是一个人群密集型的活动，必须重视演员和观众的安全问题。如何合理地规划安全出口，做好安全保护措施是旅游演艺产品在生产制造阶段需要考虑的重要问题之一。

（二）旅游演艺产品的基本要素

随着旅游机会的增加，游客对于旅游产品的质量要求越来越高。就现在而言，大多数旅游产品都缺少特点。而这样的产品已无法满足游客多层次、多方面的旅游体验和感官需求。

为了增加旅游产品的竞争力，就必须给旅游产品注入创意，提高旅游产品的体验性，进而争夺潜在市场。

旅游创意产业是创意产业的一种衍生。创意是旅游产业的生命所在，那些新奇的、创新的构想常常会给游客带来无穷的惊喜，创造出全新的旅游市场和产品，甚至是独特的旅游产业文化。

旅游创意产业要在保持这种本质状态不变的基础上，将旅游资源和历史文化资源有机结合起来，将原生态的和存在潜在旅游开发价值的、具有一定市场前景的可利用资源整合起来，根据旅游市场需求，创造出新的旅游产品。其中以旅游演艺产品为代表，旅游演艺产品是演艺业和旅游业相结合的产物。

1. 坚持娱乐互动

优秀的旅游演艺产品承载着丰富的历史文化内涵，能够让游客对产品产生共鸣，是独一无二且无法复制的，也是能够让游客参与其中的，具有娱乐性和参与性的产品。如今，越来越多的旅游演艺产品呈现在公众面前，其中不乏精品，但也有许多粗制滥造的低品质产品，让游客对旅游演艺有了误解，不利于为宏观的旅游演艺市场培育受众。

2. 融入创意旅游

旅游演艺产品因其独特的文化特性，必须在地方文化的挖掘上下足功夫。然而仅凭文化产业来吸引消费者是远远不够的，还需要结合创意产业来留住消费者。旅游与创意有机融合才会使旅游演艺产品在推向市场时得到更好的社会反响。

例如，重庆的《重庆 1949》以其富于想象力的旋转舞台作为创意核心点，四川遂宁的《爱·永恒》以其全球首创、最大面积的穹幕投影作为亮点。

3. 挖掘在地文化

创意是需要建立在一定基础上的发散性构思，而旅游创意则需要建立在地区旅游资源的基础上。创新的旅游演艺产品一旦远离了当地的历史文化，跳脱出当地文化资源的范围，就会缺乏其独特性，从而背离当地旅游文化传播输出的本意。

（三）旅游演艺产品的特色要素

旅游演艺产品可以根据演出形式分为主题公园类、实景类、剧场类、巡演类等不同类型。由于演出形式不同，类型相异的旅游演艺产品需要侧重的方面也就不一样。因此，在设计时，需要根据各类旅游演艺产品的特殊性，在相应方面予以重视。

1. 主题公园类

主题公园类旅游演艺产品是依托主题公园搭建的平台，作为主题公园的一部分而存在，对主题公园起着重要的支撑作用。该类型旅游演艺产品在设计过程中，必须在同一个大的主题框架下对旅游演艺产品的内容进行策划开发。需要注意，在选取演出题材时，应考虑其能充分契合主题公园的文化定位，与主题相呼应，与主题公园的环境氛围以及其他设施、项目相协调。该类型旅游演艺产品能以其极强的感染力，以及对主题的阐释能力，让游客在观看演出的同时较为直观地解读主题公园的文化内涵，使公园的主题更好地传递给游客。

2. 实景类

实景类旅游演艺产品主要是以表演所在地的自然风景为依托，充分利用山峦起伏、江水连绵、斗转星移等自然因素，从当地文化资源着手，借助高科技呈现手段，打造出反映地域文化特征，凸显自然与人文和谐统一的演艺内容。在实施过程中，如何让当地的特色文化通过演出的形式表现出来，如何充分表现自然山水构成的舞台背景，如何以强烈的视听冲击给观众带来超乎剧场演出的观赏体验等，都是项目策划者应该首先考虑的问题。

3. 剧场类

对于在固定场馆演出的剧场类旅游演艺产品，剧场的设计、舞台的搭建、音响的效果、灯光的配合对于演出效果都有着举足轻重的影响。在产品设计阶段，必须充分考虑硬件设施的质量是否达标，表演环节的设置是否具有可行性，所有的舞台技术是否支持演出构想，是否有能力很好地推动故事情节的发展，达到预期的演出效果。剧场固有的设施设备也并不是一成不变的，需要根据剧情的需要及时进行改造、更换或添加，以保证达到最佳的艺术效果。因而，在此类旅游演艺产品的创设中，除了要有精彩的剧本、优秀的演员，剧场硬件设施及舞台控制技术也起着关键作用。

4. 巡演类

巡演类旅游演艺产品强调演出产出地的地域民俗文化特征，产品的可持续发展取决于产品所蕴含的文化本真性和独特性，以及外地市场对该文化的认可程度。由于巡演的剧目面向的是一个几乎完全异于自身文化背景的观众群体，因此在设计阶段，从演出内容的选取到表演形式的确定，都应该力求以最纯粹的方式展现，以文化差异为卖点，增加此类旅游演艺产品的吸引力。巡演类旅游演艺产品迎合了如今社会追求本真、回归传统的消费需求，只有返璞归真才能抓住巡演类旅游演艺产品的创作之魂。

二、旅游演艺产品的开发思路

将旅游资源与文化演艺相结合，全面充分地利用旅游资源，挖掘潜在文化资源，越发符合当前市场需求，从而可以获得最佳市场效应。同时，演艺产品和旅游产品相结合能够实现互惠互利，有助于构建起有规模的、可持续发展的旅游文化产业。

旅游演艺产品的设计包含诸多交叉以及分散的因素，是综合性极强的工作。在产品设计过程中，与产品相关的因素中最主要的有主题、精品、娱乐参与性以及创新性。在大型主题性旅游演艺产品的创设中，最核心的就是对这四大要素的设计。

（一）主题

主题是旅游演艺产品的基调，是产品的核心。对于旅游演艺产品来说，主题如同心脏。如果没有主题，就无法将各个环节恰到好处地连接，就无法创造一个鲜活的整体。在产品形式上表现为旅游资源和活动节目无法融合，节目给人拼凑、凌乱的感受。类似这种产品就无法突出当地的独特资源优势，也无法满足客源市场的需求。因而，具有巨大市场召唤力和影响力的旅游演艺产品，应该能让游客通过产品外在形象及活动体验领会到其特定的主题。

（二）精品

演艺产品提供给消费者的是在消费过程中产生心理体验和感官享受，而旅游演艺产品作为文艺表演的一种形式，产品的高质量是保证游客获得高品质审美体验以及激发其重复消费的关键要素。创造精品需要天时、地利、人和，所谓天时即产品是否符合当下市场需求，所谓地利是指优秀的旅游资源，所谓人和是指编创团队和表演团体。同时还需要优质的硬件设备作为保障。

（三）娱乐参与性

旅游演艺产品自身的娱乐功能极为显著。当前，随着经济社会发展节奏日益加快，人们对产品的参与性、娱乐性、休闲性提出了越来越高的要求。现如今不仅要满足游客的审美需求以及视听奇观需求，还要考虑游客想通过这场旅游演艺增进对当地文化的了解、丰富旅游体验等需求。

（四）创新性

旅游演艺产品的运营需要关注其生命周期，内容与形式的迭代是延长其生命周期的关键。定期更新演出内容、创新表演形式是目前增强旅游演艺产品持续吸引力卓有成效的手段。只有通过层出不穷地创造亮点，逐渐深挖主题内涵，才能为游客带来更多常换常新的心理感受与体验。

三、旅游演艺的市场推广

旅游演艺业经过多年的飞速发展，已经经历了多次迭代升级。如今，在国家大力推动文旅融合的政策推动下，旅游演艺业更将迎来良好的发展态势。

一台旅游演艺要获得成功，除了要对旅游目的地文化进行充分挖掘和提炼，还要辅以精准的市场推广策略。旅游演艺产品市场推广策略包括市场定位、特色定位、价格策略与销售途径。

（一）市场定位

根据市场营销理论，精准的市场定位源于前期对消费者市场的调研与细分。旅游演艺在策划之初也需要考虑这些因素。

旅游演艺不同于一般的剧场表演，其重要的目标受众是游客。游客与当地居民的消费习惯有所不同，因此旅游演艺产品的开发与推广需要将两者区分开来，要有明确的市场定位和目标市场细分。

例如，到云南旅游的游客大多希望了解其独特的民族风情。因此，《云南映象》就聚焦最本色、原生态的民族文化，努力营造原生态的氛围，满足了游客的猎奇心理，获得了良好的市场收益与社会口碑。

（二）特色定位

特色是旅游演艺产品的生命力所在，在其推广中应当突出产品特色。产品特色一般通过宣传中的标语进行表现。

例如，《云南映象》——大型原生态歌舞集，《宋城千古情》——立体全景式大型歌舞，《长恨歌》——大型实景历史舞剧，《印象·刘三姐》——大型实景山水演出，《丽水金沙》——大型音乐剧，《北京之夜》——大型组合式晚宴艺术。

不断创新是旅游演艺立于不败之地的关键。创新和突出特色的方法有：改进旅游商品组合，如优化线路设计、观赏景点与娱乐项目组合；提高旅游商品和服务的质量；增加旅游活动项目和服务；开发新的目标市场和客源；旅游商品的重新市场定位。

（三）价格策略

1. 差别定价

旅游演艺产品是无形的，不像有形产品具有清晰的“成本—价格结构”关系。因此，其定价也需要以游客需求为导向进行差别定价。

旅游演艺企业大多采用“顾客认知价值定价法”来制定价格，即价格的制定以观众或游客认知价值为基础。所谓观众或游客认知价值是指观众或游客对其所能感知到的利益与其在获取产品时所付出的成本进行权衡后，对产品效用的总体评价。由于体验价值的最终确定是由观众或游客而非企业决定，因此基于观众或游客认知价值的定价方法更具竞争优势。

旅游演艺产品的差别定价通常体现在依据不同座位制定不同票价。例如，西安大唐芙蓉园的演出，VIP 贵宾票客可登船观看，其中最核心的几个位置是 VVIP 雅座，体现了不同价位的座位可以获得的不同的观演体验。

2. 根据产品生命周期定价

不少旅游演艺产品根据其所处的生命周期进行定价。

为了吸引更多受众，通常新产品问世时会采用较低的票价进行销售。当产品进入成长成熟期后，可适当提高票价以适应产品的知名度。商品价格不仅会影响新产品能否占领市场，而且会影响可能出现的竞争。这时主要采取的策略有创新产品的高价策略以及快速占领市场的低价策略。

3. 中间商折让定价

折让佣金定价是旅游演艺企业给予旅游中间商的合作条件。旅游中间商包括旅行社、航空公司、旅游网站、团购网站和票务代理商，也包含大企业、工会、学会、俱乐部等。旅游演艺企业给旅游中间商各种折让优惠，以吸引游客购买的一类策略，称为折让定价策略。一般分为现金折扣、数量折扣、实物折扣、季节折扣、同业折扣以及推销津贴等方式。

4. 品牌定价

品牌定价指根据旅游演艺企业自身形象，利用企业的商标品牌这个无形资产来确定价格。通常具有品牌知名度的旅游演艺产品比同行同类产品服务价格略高。例如，“印象”系列、“又见”系列、“只有”系列，都是其中代表。

（四）销售途径

1. 分销渠道的类型

从旅游演艺企业角度来看，旅游演艺只有到达游客的手中才是现实的产品，才能完成消费行为。运用一定的市场分销渠道，经过实体分配过程，将产品在适当的时间、地点，以适当的价格供应给消费者，才能完成产业链闭环。

这种把生产者和消费者联系在一起，最终实现产品所有权转移的时空通道，便构成了市场分销渠道。

不利用中间商，直接把旅游演艺产品销售给旅游消费者（游客）的方式称为直接营销渠道，或称为零级渠道。

一级营销渠道是指旅游演艺产品生产者和旅游消费者（游客）之间只有一个层次的中间商介入。中间商包括旅游演艺产品零售商、批发商、代理商。

直接营销渠道和一级营销渠道统称为短渠道，它最多只有一个层次的中间商介入。

二级营销渠道或三级营销渠道一般是指旅游演艺产品生产者与旅游消费者（游客）之间有两个层次或者三个层次的中间商介入，称为二级营销渠道或三级营销渠道。

二级营销渠道或三级营销渠道有两个或三个层次的中间商介入，因此被称为长渠道。

2. 剧场销售与网上直销

剧场售票、景区售票、旅游演艺企业电子商务网所用的都是旅游演艺产品直销的方式。剧场售票、景区售票是传统的演艺产品售票方式，至今还为多数游客所认可。依托网络资源，设计自有网站进行票务出售是旅游演艺企业今后的售票趋势，这样既节省了代理商的佣金，又扩大了自身的品牌效应。

3. 票务代理

过去旅游演艺只有演出场所售票服务或旅行社代理售票的方式，如今出现了专业的票务公司，票务公司以网络技术为支撑点，向企业和游客提供高效、快捷、经济的票务服务。

票务公司进行的代理业务主要有三种方式。

一是买断代理服务，是指票务公司包售演出场所的所有演出票，独立承担风险，这种做法风险大，获利空间也大，需要票务公司有实力和基础。

二是捆绑式代理服务，是指票务公司与演出服务企业合作，共同承担演出风险，双方或多方共同投入、共同分成的做法。这种做法充分利用各方的优势，是比较科学的代理方式。

三是松散式代理服务，是指票务公司与演出服务企业签订正常票务代理协议，按一定的比例由票务公司收取售票代理费。这种做法对于票务公司来说，规避了一些演出风险，并可以享受一定的利益，但所获收益也有限。

第九章　沉浸式演艺经营管理

沉浸式演艺是指那些能够将观众直接纳入表演过程中，创造一种全方位体验的艺术形式。这样的演出往往打破了传统剧场的四壁限制，使得观众能够在空间中自由移动，与演员及环境互动，从而获得独特的个人体验。经营管理这类演出不仅需要传统的艺术演出经营管理知识，还需要对空间设计、观众心理、技术应用等有深入的了解。

第一节　沉浸式演艺概述

沉浸式演艺作为一种独特的艺术形式，挑战了传统艺术的表现方式和观赏方式，为观众提供了全新的体验。

一、沉浸式演艺的定义与特点

沉浸式演艺在传统演出的基础上，深度融合了多媒体、虚拟现实、三维实境等高科技手段，打破了传统舞台的界限。这种演艺形式不仅注重表演内容，更强调观众的参与感和沉浸感，使演员与观众在演出中融为一体，共同创造和分享观演体验。

沉浸式演艺的核心在于其沉浸感——观众不再是被动的旁观者，而是成为故事和表演的一部分，有时甚至可以影响剧情的走向。沉浸式演艺的特点包括以下几个方面。

（一）空间利用

沉浸式演艺往往利用非传统表演空间，如仓库、废弃建筑或户外环境，通过空间的改造让观众在其中自由探索。

（二）观众互动

与演员的直接互动是沉浸式演艺的另一大特点，观众的选择和行为可以影响他们的体验，甚至改变故事的进程。

（三）多感官体验

运用声光电技术、特殊效果，甚至味觉和触觉元素，刺激观众的多种感官，增强其沉浸感。

沉浸式演艺的特点十分鲜明，首先，它突破了传统观演模式的限制，利用创新技术和环境布置打造出与剧情相符的情境，使观众从进入演出空间的那一刻起就完全沉浸在剧情中。其次，沉浸式演艺全方位调动观众的"视、听、嗅、味、触"等感官体验，让观众能够更深入地理解和感受演出的情感和故事主题。最后，沉浸式演艺的故事性、艺术性、沉浸感与参与感都非常强，这也是其吸引大量观众的重要原因。

在具体实践中，沉浸式演艺可以与各种元素和形式结合，例如灯光秀、夜游、展览等，创造出丰富多样的文化产品。这些产品通过光影、音响、3D 投影等手段，为观众带来具有高度沉浸感的虚拟现实体验，使他们在享受演艺的同时，也能感受到科技与艺术的完美结合。

总体来说，沉浸式演艺以其独特的互动体验、专属情境和艺术情调，为观众带来了全新的观演体验，也为文旅产业的深度融合创造了新的机遇。随着科技的不断发展，沉浸式演艺将会在未来展现出更加广阔的应用前景和无限的创新潜力。

二、沉浸式演艺的历史与发展

沉浸式演艺并非全新概念，它可以追溯到历史上多种艺术和文化实践，如文艺复兴时期的宴会表演和早期的环境剧场。然而，直到 21 世纪初，随着技术的进步和观众对新体验的渴望，沉浸式演艺才开始迅速发展并成为一个独立的艺术领域。

近年来，随着虚拟现实、增强现实等新技术为创造更加深刻和个性化的观众体验提供了新工具，沉浸式演艺拥有了更加广泛的可能性。

沉浸式演艺的历史可以从多个层面追溯。首先，从概念起源来看，沉浸式演艺最初源自英国，并主要应用于戏剧领域，成为相对成熟和流行的艺术形式。这种艺术形式将高科技手段与传统演出相结合，使观众能够置身于舞台之中，近距离感受演出的魅力。

在中国，沉浸式演艺的发展始于 2013 年，以《又见平遥》为代表的产品引领了这一风潮。该项目拆除了观众的座椅，让游客可以进入演出场景，近距离观看表演。自此之后，一大批概念类似的沉浸式演艺项目纷纷涌现，如《法门往事》《我回大宋》等，为观众带来了全新的观演体验。随着技术的发展，沉浸式演艺逐渐具备了多幕场景流动、多角色扮演、多感官体验、多技术应用等特点，形成了交互式体验模式。这种模式不仅为观众提供了震撼的视听体验，还使观众能够更充分地参与互动，进一步增强了观演的沉浸感。

在文旅业界，沉浸式演艺得到了广泛应用，成为激活景区景点、主题公园、文旅街区、文博场馆等文化旅游空间的重要力量。通过场景化的舞台设置、交互式的观演关系以及游戏化的参与体验，沉浸式演艺为观众带来了全新的文化体验，同时也为文旅产业的深度融合提供了新的动力。未来，随着科技的不断进步，沉浸式演艺将继续探索人类感知和交互的边界，创造出更为独特和丰富的体验。同时，随着市场竞争的加剧，沉浸式演艺也将更加注重个性化和定制化服务，以满足观众日益多样化的需求。

总之，沉浸式演艺的发展是一个不断创新和演进的过程。它以其独特的魅力和潜力，不断吸引着观众的目光，为文旅产业的繁荣和发展贡献着力量。

三、沉浸式演艺的种类与案例分析

沉浸式演艺种类多样，有密室逃脱、实景游戏（LARP）、沉浸式剧场和虚拟现实体验等。其中，一些著名案例，如《不眠之夜》（*Sleep No More*），这是一部在纽约演出的沉浸式剧场产品，观众在一个多层楼的空间内自由探索，跟随演员或独自进入不同的房间，观看由莎士比亚的《麦克白》改编的场景。*Then She Fell* 是另一部在纽约演出的限量参与式剧场，结合了戏剧、舞蹈和视觉艺术，通过探索路易斯·卡罗尔的产品来创造一场关于爱、损失和疯狂的沉浸式体验。观众在演出中被引导穿梭于不同的房间和空间，与演员近距离互动，每个人的体验都是独一无二的。

近年来，沉浸式演艺在中国也日益受到欢迎，这些演出以其创新的观众体验和对传统文化的现代解读受到关注。如《长安十二时辰》实景体验展。这是一个根据同名热门小说和电视剧改编的沉浸式体验展。观众在展览中穿越回唐代长安城，通过高科技手段和实景还原，体验长安的市井生活、文化艺术和历史事件。这种体验通过声光电技术以及演员的互动演出，让观众仿佛置身于那个时代，深度体验古代文化和历史。

第二节　沉浸式演艺经营管理概述

一、沉浸式演艺经营管理的核心理念与原则

沉浸式演艺经营管理的核心理念与原则，可以说是围绕提升观众体验、保持创新精神和加强团队协作等方面展开的。这些核心理念与原则共同构成了沉浸式演艺经营管理的核心框架，为项目的成功实施提供了有力的保障。

（一）提升观众体验

这意味着在策划、设计以及执行过程中，始终将观众的需求和感受放在首位，确保观众能够全身心地投入演艺活动中，获得深度的沉浸式体验。无论是场景布置、剧情设计，还是演员表演，都需要围绕提升观众体验进行。

（二）保持创新精神

在快速发展的演艺市场中，只有不断创新，才能保持竞争力，吸引观众的目光。这包括创新演艺形式、创新剧情设计、创新营销策略等方面。通过创新，可以打造出独具特色的沉浸式演艺项目，满足观众日益多样化的需求。

（三）加强团队协作

一个成功的沉浸式演艺项目，需要各方人员的紧密配合和共同努力。

从策划人员到执行人员，从演员到技术人员，每个人都需要发挥自己的专长，共同为提升观众体验、实现项目目标而努力。因此，建立有效的团队协作机制，激发团队成员的积极性和创造力，是沉浸式演艺经营管理的重要任务。

二、沉浸式演艺项目策划

沉浸式演艺项目策划是一项充满创意与挑战的工作，它涉及多方面的考量与规划。以下是一些策划沉浸式演艺项目的建议。

（一）明确项目的核心主题与概念

沉浸式演艺项目需要有一个引人入胜的故事线或主题，它能够激发观众的兴趣并引导他们进入特定的情感或体验状态。策划者可以从文化、历史、科技、自然等多个角度寻找灵感，并思考如何将这些元素融入项目中。

（二）设计沉浸式的环境与场景

沉浸式演艺项目的成功与否，在很大程度上取决于环境与场景的营造。策划者需要考虑如何打造一个与主题相契合、充满细节和真实感的场景，让观众仿佛置身于另一个世界。这通常需要利用灯光、音响、道具、布景等多种手段来营造氛围。

（三）注重观众互动与参与

沉浸式演艺项目的魅力在于它能够让观众参与其中，与演员和故事进行互动。策划者可以设计一些互动环节，让观众能够亲身参与，影响故事的发展，从而增强他们的沉浸感和体验感。

（四）选择合适的演员与表演形式

演员是项目的灵魂，他们需要能够准确地诠释角色、传递情感，并与观众建立情感联系。同时，表演形式的选择也需要与主题和场景相匹配，可以是舞蹈、戏剧、音乐、杂技等多种形式的结合。

（五）细致的预算与风险管理

策划沉浸式演艺项目需要考虑到资金、时间、人力资源等各个方面的限制，因此需要制定详细的预算，并提前识别潜在的风险，制定相应的应对措施。

三、沉浸式演艺项目的资源管理

沉浸式演艺项目的资源管理是一个综合性的工作，涵盖了人力资源、物力资源、财力资源以及知识信息与技术资源等多个方面。有效的资源管理对于项目的顺利进行和成功实施至关重要。

（一）人力资源管理

在人力资源方面，需要组建一个具备专业知识和技能的团队，包括导演、演员、技术人员、市场营销人员等。每个成员都应发挥自己的特长，共同为项目的成功贡献力量。同时，还需要进行人员培训和激励，提升团队的凝聚力和创造力。

（二）物力资源管理

物力资源管理涉及场地、道具、设备等的获取、使用和维护。要选择合适的场地，营造出符合项目主题的沉浸式环境；道具和设备要具备真实感和科技感，为观众提供丰富的感官体验。

（三）财力资源管理

财力资源管理是确保项目有足够的资金支持，并合理使用资金。需要进行项目预算制定和成本控制，确保项目在财务上的可行性和可持续性。同时，还需要寻求多元化的资金来源，如政府资助、企业赞助、票务收入等，为项目的实施提供稳定的资金支持。

（四）知识信息与技术资源管理

知识信息与技术资源管理需要关注行业动态和技术发展，及时获取和更新相关的知识、信息、技术。利用先进的技术手段，如虚拟现实、增强现实、人工智能等，提升项目的科技含量和观众的沉浸感。

（五）资源的优化配置和协调

在资源管理的过程中，还需要注重资源的优化配置和协调。要根据项目的实际需求和目标，合理分配各种资源，确保资源的有效利用并发挥其最大效益。同时，还需要加强与其他部门的沟通和协作，形成合力，共同推动项目的顺利实施。

综上所述，沉浸式演艺项目的资源管理是一项复杂而重要的工作。通过科学、合理的资源管理，可以为项目的成功实施提供有力的保障和支持。

四、沉浸式演艺项目的市场营销

沉浸式演艺项目的市场营销是一个涉及多个层面的综合性工作。以下是一些关键的市场营销策略和建议，可以帮助提升项目的知名度和吸引力。

（一）精准定位目标受众

首先需要明确目标受众，即确定主要服务对象是年轻人、家庭群体还是文化爱好者等。通过市场调研，了解他们的兴趣、需求和消费习惯，并基于此实施精准的市场定位和产品策划。

（二）打造独特卖点

沉浸式演艺项目的核心在于其独特的体验，需要通过营销手段，突出项目的创新点、特色元素和与众不同的体验，让目标受众产生浓厚的兴趣和好奇心。

（三）多渠道宣传推广

利用社交媒体、网络平台、户外广告等多种渠道进行宣传推广。在社交媒体上发布精美的图片、视频和故事，吸引粉丝关注和转发；与网络红人、意见领袖合作，扩大项目的影响力；通过线下活动、路演等方式，与目标受众进行面对面的互动。

（四）举办主题活动

定期举办与沉浸式演艺项目相关的主题活动，如主题派对、互动体验日等，让观众更深入地了解项目，并有机会亲身体验。这些活动不仅可以增加项目的曝光度，还可以提升观众的参与感和忠诚度。

（五）口碑营销与合作伙伴关系

鼓励观众在社交媒体上分享他们的体验感受，形成良好的口碑传播。同时，积极寻求与其他产业、品牌或机构的合作机会，如与旅游景区、电影院、文化机构等合作，共同推广沉浸式演艺项目，实现资源共享和互利共赢。

（六）价格策略与优惠活动

制定合理的价格策略，确保项目具有竞争力。同时，通过推出优惠活动、团购优惠等方式，吸引更多观众前来体验。这些活动不仅可以提高项目的知名度，还可以增加观众的黏性。

综上所述，沉浸式演艺项目的市场营销需要综合运用多种策略和手段，然而，具体的营销策略还需要根据项目的实际情况和市场环境进行调整和优化。

五、沉浸式演艺项目的观众管理

沉浸式演艺项目的观众管理涉及观众体验、安全以及整体秩序等多个方面。以下是关于沉浸式演艺项目观众管理的一些重要方面。

（一）入场管理

这包括确保观众持有有效的入场证件，如票务或身份凭证，以便进行核验和登记。同时，预先分配入场通道，根据观众的票务等级或位置，提前安排不同的入场通道，以减少拥堵和交叉流量。此外，安全检查也是必不可少的环节，确保观众不携带危险物品，保证安全。

（二）座位安排

合理的座位间距能确保观众的舒适性和方便通行。为了方便观众找到自己的座位，应对座位进行合理的标识和编号。同时，雇用足够数量的安全人员，在活动期间负责观众的安全，并处理任何可能的紧急情况。此外，提供紧急医疗设施以应对可能发生的意外事故或突发状况也是必要的。

（三）观众行为规范管理

在观众行为规范方面，为了保障良好的观赏环境和氛围，观众应遵守一系列规定。例如，保持安静，不大声喧哗、不聊天以免干扰他人观影；关闭手机或将其调至静音模式，避免干扰其他观众；不乱扔垃圾，保持场地的整洁卫生。对于违反这些规定的观众，可采取适当的处理方式，如口头警告、劝离观影厅或暂停会员资格等。

（四）观众权益保障机制

这包括退票政策、投诉处理机制等，以确保观众在遇到问题时能够得到及时和妥善的解决。

（五）互动管理

由于沉浸式演艺强调观众的参与和互动，因此，如何设计有趣的互动环节、如何引导观众积极参与、如何确保互动过程的安全和有序等都是需要认真考虑的问题。

综上所述，沉浸式演艺项目的观众管理是一个综合性的工作，需要从多个方面进行考虑和规划。通过有效的观众管理，可以提升观众的观赏体验，保障活动的顺利进行，并增强观众对沉浸式演艺项目的满意度和忠诚度。

第三节　沉浸式演艺的创意与设计

沉浸式演艺的创意与设计不仅涉及表演艺术，更涉及将观众带入一个全新的、仿佛置身其中的世界。

一、沉浸式演艺的空间设计

沉浸式演艺的空间设计是一个综合而复杂的过程，涉及多个关键要素，包括场地选择、布局规划以及环境营造。

（一）沉浸式演艺的场地选择

在沉浸式演艺的场地选择中，首先要考虑的是场地的物理特性，如大小、形状、高度等，以确保它们能够满足演出需求。其次，场地的地理位置和交通便利性也是重要的考虑因素，以便于观众的到来和撤离。最后，场地的文化背景和历史意义也会对沉浸式演艺的主题和氛围产生影响，因此需要进行充分的调研和评估。

（二）沉浸式演艺的布局规划

布局规划是沉浸式演艺空间设计的核心部分。这包括确定观众席的位置和角度，以便他们能够拥有最佳的观演体验。同时，还需要考虑舞台、灯光、音响等设备的布局，以确保它们能够呈现出最佳的视听效果。在布局规划时，设计师还需要注意空间的流动性和灵活性，以适应不同形式和规模的演出。

（三）沉浸式演艺的环境营造

环境营造是沉浸式演艺空间设计中至关重要的一环。这包括使用各种手段来创造出符合演出主题和氛围的环境，如灯光、色彩、材质、气味等。通过精心的环境营造，可以引导观众进入特定的情感状态，增强他们的沉浸感和参与感。此外，环境营造还可以与演出内容相互呼应，打造更加完整和统一的观演体验。

（四）案例分析：《秘境之旅》沉浸式演艺

《秘境之旅》是一个集自然、文化、艺术和科技于一体的沉浸式演艺项目。该项目旨在为观众带来一场独特而难忘的旅行体验，让他们能够深入探索未知的秘境，感受大自然的神奇魅力，领略各地的风土人情。

1. 场地选择

设计师选择了位于一片茂密森林中的自然剧场作为演出场地。这个场地被郁郁葱葱的树木环绕，空气清新，环境幽静，为观众提供了一个远离城市喧嚣的沉浸式体验空间。同时，场地的自然形态和植被分布也为演出增添了一抹神秘的色彩。

2. 布局规划

《秘境之旅》的布局规划充分考虑了观众的观演体验和演出的需要。观众席被设计成半圆形的阶梯状，使每个观众都能拥有无遮挡的视野。舞台位于观众席的中心位置，通过巧妙的设计，使观众仿佛置身于演出的核心区域。此外，灯光、音响等设备的布局也经过精心策划，确保演出的每个细节都能得到完美的呈现。

3. 环境营造

为了营造出一个神秘而充满奇幻色彩的环境，设计师在环境营造方面下足了功夫。他们利用投影技术和灯光效果，在舞台背景上呈现出变幻莫测的森林景象，时而阳光明媚，时而云雾缭绕。同时，舞台上还布置了各种道具和装饰物，如奇特的植物、神秘的符号等，为观众营造出一个充满奇幻色彩的沉浸式空间。此外，设计师还通过音效和气味等手段，进一步增强观众的沉浸感，使他们仿佛真的进入了一个神秘而美丽的秘境之中。

在沉浸式演艺的空间设计中，场地选择、布局规划和环境营造是相互关联、相互影响的。设计师需要综合考虑这些因素，以创造出既符合演出需求又能够给观众带来深刻体验的沉浸式演艺空间。同时，随着技术的不断进步和观众需求的不断变化，沉浸式演艺的空间设计也将不断创新和发展。

二、沉浸式演艺的技术应用

沉浸式演艺的技术应用非常广泛，这些技术不仅提升了观众的观演体验，也为演艺产业带来了创新和突破。

（一）舞台效果技术应用

在舞台效果方面，现代技术如 LED 大屏、投影映射、全息影像等被广泛应用。这些技术可以营造出逼真的虚拟场景，将观众带入一个全新的世界。比如，在演出中，通过投影映射，可以在舞台背景上呈现出流动的山川、星辰或城市景观，使观众仿佛置身其中。

（二）互动技术应用

互动技术也是沉浸式演艺可以应用的主要技术手段。观众可以通过传感器、触摸屏等设备参与演出内容，甚至可以改变演出的进程。这种互动不仅增加了观众的参与感，也使得演出更加生动有趣。

（三）音效和灯光技术应用

音效和灯光技术也是营造沉浸式体验的关键。高质量的音效可以还原现场的真实声音，让观众仿佛身临其境；而精心的灯光设计则可以营造出不同的氛围和情绪，为演出增添更多的层次和深度。

（四）案例分析：《秘境之旅》沉浸式演艺

为了打造沉浸式的观演体验，《秘境之旅》项目采用了多种先进的技术手段，包括高清投影、3D 音效、灯光秀等，为观众营造出身临其境的感觉。同时，项目还引入了互动技术，让观众能够通过手机等设备与演出内容进行互动，增加参与感和乐趣。

1. 舞台互动技术

在《秘境之旅》项目中，舞台互动技术为观众带来了前所未有的参与感和沉浸体验。通过运用先进的传感器和互动设备，观众能够与舞台上的表演内容实时互动，成为演出的一部分。例如，演出中设置多个互动点，观众可以通过触摸屏幕、移动物体或使用特定设备，与虚拟角色进行交流、触发特效或改变场景。这种互动不仅让观众更加投入，还增加了演出的趣味性和吸引力。此外，舞台互动技术还可以实现多人同时参与，让观众与同伴一起合作完成任务或解锁新内容，增强团队合作和社交体验。

2. 灯光技术

灯光技术在《秘境之旅》中扮演着至关重要的角色，为演出营造了丰富多彩、层次分明的视觉效果。通过运用先进的 LED 灯、激光灯和投影灯等设备，设计师能够创造出变幻莫测的光影效果，营造出神秘、浪漫、激烈等不同氛围。同时，灯光还能够强调表演者的动作和表情，突出关键情节和角色特点。在《秘境之旅》中，灯光技术还与互动技术相结合，实现了观众与灯光的互动。例如，观众的动作或声音可能触发灯光的变化，使观众成为演出的一部分，进一步增强沉浸感。

3. 音效技术

音效技术在《秘境之旅》中同样不可或缺，为观众带来了身临其境的听觉体验。通过运用高质量的音响设备和先进的音效处理技术，设计师能够还原自然环境的声音，如风声、水声、鸟鸣等，使观众仿佛置身于真实的自然之中。同时，音效还能够与表演者的动作和台词相配合，营造出紧张、悬疑、欢乐等不同氛围。此外，音效技术还可以实现与互动技术的结合。例如，观众的动作或选择可能触发不同的音效反馈，为观众带来更加个性化的听觉体验。

综上所述，舞台互动技术、灯光技术和音效技术在《秘境之旅》项目中相互融合、相互支持，共同为观众打造了一个沉浸式的演艺空间。这些技术的应用不仅提升了演出的观赏性和趣味性，还使观众能够更加深入地体验和理解演出的主题和内涵。

沉浸式演艺的技术应用是一个不断创新和发展的过程。这些技术的应用不仅提升了观众的观演体验，也为演艺产业带来了更多的可能性和机遇。

三、沉浸式演艺的表演艺术设计

沉浸式演艺的表演艺术设计是一个综合性的过程，它涵盖了剧本创作、角色设计以及表演风格设计等多个方面。

（一）剧本创作

一个好的剧本能够为整个演出奠定坚实的基础。在剧本创作过程中，需要注重故事情节的紧凑性和吸引力，通过精心设计剧情和角色关系，使观众能够迅速融入其中。同时，剧本还需充分考虑演出环境的特点，结合场地、道具等元素，营造出符合剧情的氛围。

（二）角色设计

角色设计是沉浸式演艺表演艺术设计中的关键环节。在角色设计时，设计师需要根据剧本中人物的性格、背景、情感等因素，为其设计出独特的形象和特点。这包括角色的服装、妆容、发型等外在形象的塑造，以及角色的性格、心理活动等内在特质的刻画。通过细致入微的角色设计，可以使观众对角色产生更深刻的认知和共鸣。

（三）表演风格设计

表演风格是沉浸式演艺表演艺术设计的核心体现。在沉浸式演艺中，表演风格需要注重真实、自然和贴近观众的特点。演员需要通过生动的表演，将角色的情感和内心世界展现得淋漓尽致，使观众能够感受到角色的真实存在。同时，演员还需与观众产生良好的互动，通过眼神交流、肢体接触等方式，增强观众的参与感和沉浸感。

关于沉浸式演艺的表演风格设计，主要有如下几种风格。

1. 现实主义风格

在一部以历史事件为背景的沉浸式演艺产品中，演员们采用现实主义表演风格，力求还原历史场景和人物的真实状态。他们通过细腻的肢体语言和面部表情，展现出角色的内心世界和情感变化。观众仿佛穿越时空，亲身感受那个时代的氛围和人物的情感。

2. 魔幻主义风格

在一部以魔法世界为主题的沉浸式演艺中，演员们采用魔幻主义表演风格，通过夸张的动作、奇特的妆容和华丽的服饰，营造出一种神秘而奇幻的氛围。他们运用各种道具和特效，展现出魔法世界的奇妙和不可思议。观众仿佛进入了一个充满魔法和奇幻的世界，感受到了前所未有的惊喜和刺激。

3. 幽默诙谐风格

在一部以喜剧为主题的沉浸式演艺产品中，演员们采用幽默诙谐的表演风格，通过夸张的表演和幽默的对白，引发观众的笑声。他们善于捕捉生活中的小细节，将其放大并以幽默的方式呈现出来。观众在欢笑中感受到了轻松和愉悦，同时也对产品产生了深刻的印象。

4. 情感细腻风格

在一部以情感为主题的沉浸式演艺中，演员们采用情感细腻的表演风格，通过微妙的肢体语言和面部表情，传达出角色内心的复杂情感。他们注重与观众的情感交流，通过眼神、动作等细节，引发观众的共鸣和情感共振。观众在观赏过程中被深深打动，与角色产生了强烈的情感联系。

这些例子展示了不同表演风格在沉浸式演艺中的应用和效果。通过选择合适的表演风格，演员们能够更好地塑造角色、营造氛围，并为观众带来独特而深刻的观演体验。

综上所述，沉浸式演艺的表演艺术设计是一个综合性的过程，需要注重剧本创作、角色设计以及表演风格设计等多个方面的协调与配合。只有这样，才能打造出具有吸引力、感染力和沉浸感的演出产品，为观众带来全新的观演体验。

四、沉浸式演艺的观众参与设计

在沉浸式演艺中，观众参与设计是至关重要的一环，它能够极大地提升观众的体验感和互动性。

（一）选择剧情走向

在演出过程中，需要设计一些关键节点，让观众通过投票或互动设备来选择剧情的走向。这样，观众就不再是被动地接受故事，而是成为故事发展的决策者。这种设计能够增加观众的好奇心和紧张感，使他们更加投入地参与到演出中。

（二）角色扮演与互动

为观众提供角色扮演的机会，让他们成为演出中的一部分。例如，可以设计一些角色让观众扮演，与演员进行互动或对话；或者设计一些小游戏或任务，让观众通过完成这些任务来推动剧情的发展。这样的设计能够使观众更加深入地体验演出的世界，增强他们的参与感。

（三）互动道具与装置

利用互动道具与装置，为观众提供与演出内容互动的机会。例如，可以设计一些可以触摸或操作的道具，让观众通过操作这些道具来影响演出的进展或触发特定的效果。这样的设计能够增加观众的参与度和乐趣，使他们更加积极地参与到演出中。

（四）实时反馈与调整

可以通过收集观众的实时反馈，对演出内容进行动态调整。例如，在演出过程中设置一些互动环节，让观众表达他们的喜好或意见，然后根据这些反馈对演出进行相应的调整。这样的设计能够使演出更加符合观众的期望和需求，提升他们的满意度和参与度。

（五）案例分析

1.《秘境之旅》的奇幻森林场景

在《秘境之旅》的奇幻森林场景中，观众将置身于一个充满神秘色彩的森林之中。舞台上，巨大的树木拔地而起，藤蔓缠绕，光影斑驳。演员们身着精灵般的服饰，在森林中穿梭、舞蹈，仿佛与大自然融为一体。观众可以通过手机或其他互动设备，与舞台上的精灵进行互动。例如，观众可以发送指令或选择动作，让精灵们做出相应的回应或表演。这种互动方式不仅增加了观众的参与感，还使演出更加生动有趣。

2.《秘境之旅》的神秘古国场景

在《秘境之旅》的神秘古国场景中，观众将穿越时空，来到一个充满异域风情的古国。舞台上，古老的建筑、华丽的服饰、独特的乐器和舞蹈，都展现出了这个古国的独特魅力。在演出过程中，观众可以通过互动设备参与到古国的传统文化活动中。例如，观众可以选择学习当地的舞蹈或手工艺技术，与演员们一起完成一段舞蹈或制作一件手工艺品。这种互动方式不仅让观众更加深入地了解古国的文化，还增加了演出的趣味性和参与性。

3.《长安十二时辰》实景体验展

基于同名热门剧集，这个项目让观众身临其境地参与到解决一个谜案的过程中。观众的选择会影响故事的走向和结局，每个人的体验都是独一无二的。通过实时投票系统或移动应用，观众可以为剧中人物做出选择，解开谜题，甚至改变剧情发展。这种互动模式极大地提升了观众的参与感和投入度。

综上所述，观众参与设计是沉浸式演艺中不可或缺的一部分。通过让观众选择剧情走向、参与角色扮演与互动、使用互动道具与装置以及提供实时反馈等方式，可以极大地提升观众的参与度和体验感，使他们在演出中获得更加深入和难忘的体验。

第四节　沉浸式演艺的未来趋势与挑战

沉浸式演艺作为当前文化娱乐产业的重要分支，其未来趋势与挑战涉及多个方面，包括行业趋势分析、技术革新与应用，以及环保责任与社会责任等。

一、沉浸式演艺的行业趋势分析

从行业趋势来看，沉浸式演艺正日益受到市场的青睐和观众的欢迎。随着科技的进步和人们审美水平的提高，观众对于演艺形式的创新和体验要求也在不断提高。未来，沉浸式演艺将更加注重场景化、互动性和个性化，为观众带来更加真实、深刻的艺术体验。同时，跨界合作也将成为沉浸式演艺的重要趋势，通过与其他产业融合，创造出更多具有创新性和吸引力的演艺产品。

（一）虚拟现实、增强现实、人工智能等技术应用

随着科技的进步，尤其是虚拟现实、增强现实、人工智能等技术推动了沉浸式演艺行业的发展。这些技术的应用使得演出场景更加逼真、互动体验更加自然，为观众带来了前所未有的沉浸式体验。未来，随着技术的不断创新和完善，沉浸式演艺行业有望展现出更加丰富的表现形式，并提供更高层次的观赏体验。

（二）文旅、文娱演艺的跨界融合

跨界融合成为沉浸式演艺行业发展的重要趋势。沉浸式演艺不再局限于传统的舞台表演形式，而是与旅游、文化、艺术等多个领域进行深度融合。这种跨界融合不仅为沉浸式演艺行业注入了新的活力，也为其带来了更广阔的发展空间。例如，一些旅游景区引入沉浸式演艺项目，为游客提供了更加丰富和独特的旅游体验。

（三）观众参与度的提升

观众参与度的提升是沉浸式演艺行业发展的重要方向。传统的演艺形式往往以演员的表演为中心，而沉浸式演艺更加注重观众的参与和互动。通过设计各种互动环节和观众参与方式，沉浸式演艺让观众能够更深入地融入演出中，获得更加深刻的艺术体验。这种高度的参与感和互动性也是沉浸式演艺受到观众喜爱的重要原因之一。

（四）消费市场的升级和年轻消费群体崛起带来的机遇和挑战

然而，随着消费市场的升级和年轻消费群体的崛起，沉浸式演艺行业也面临着新的机遇和挑战。年轻消费者对于新颖、独特、个性化的体验有着更高的追求，这为沉浸式演艺行业提供了巨大的市场潜力。同时，消费市场的竞争也日益激烈，沉浸式演艺行业需要不断创新和提升服务质量，以吸引和留住观众。

综上所述，沉浸式演艺行业在多重因素的影响下，呈现出蓬勃发展的态势。未来，随着技术的不断创新和市场的不断拓展，沉浸式演艺行业有望迎来更加广阔的发展前景。

二、沉浸式演艺的技术革新与应用

沉浸式演艺作为一种多幕场景流动、多角色扮演、多感官体验和多技术应用的交互式体验模式，近年来在文旅业界备受瞩目。它不仅为观众带来了前所未有的视听盛宴，更在促进文化和旅游深度融合方面发挥了关键作用。谈及沉浸式演艺的未来发展与趋势，技术革新与应用无疑是其中的核心驱动力。

（一）虚拟现实和增强现实技术

这些技术能够构建出逼真的虚拟环境，使观众仿佛置身于一个全新的世界中。在沉浸式演艺中，VR 和 AR 技术可以创造更为逼真的场景，让观众感受到更为强烈的沉浸感。另外，结合传感器和交互设备，观众还能与虚拟环境中的角色和物体进行互动，进一步提升了观赏体验。

（二）人工智能（AI）

AI 也在沉浸式演艺中发挥着越来越重要的作用。AI 可以用于智能分析观众的行为和喜好，为演艺内容的创作和表演提供数据支持。此外，AI 还可以生成逼真的虚拟角色和场景，为演艺产品增添更多元化的元素。未来，随着 AI 的不断进步，它将为沉浸式演艺带来更丰富的创意和表现形式。

（三）5G 技术

5G 技术的高速率、低时延特性使得大规模数据传输和实时交互成为可能。在沉浸式演艺中，5G 技术可以支持更高质量的音视频传输，让观众享受到更流畅和逼真的观赏体验。同时，5G 技术还可以为演艺产品提供更为丰富的互动形式，如实时投票、在线评论等，使观众能够更深入地参与到演出中来。

（四）沉浸式演艺在发展过程中的挑战

在沉浸式演艺的未来发展中，如何平衡技术创新与传统文化保护是一个重要问题。在追求新颖、独特的演出形式的同时，也需要尊重和保护传统文化的精髓和特色，避免过度商业化或破坏文化生态平衡。此外，随着沉浸式演艺市场的不断扩大，如何保障演出质量、维护消费者权益、避免恶性竞争等问题也需要得到重视和解决。

总的来说，在沉浸式演艺的未来发展与趋势中，技术革新与应用将起到至关重要的作用。随着科技的不断进步和创新，沉浸式演艺将会带来更丰富、多元和精彩的观赏体验，成为文旅产业中一道亮丽的风景线。

三、沉浸式演艺的环保责任与社会责任

沉浸式演艺在未来的发展趋势中，应更加重视环保责任与社会责任。

（一）将环保理念融入演出设计

随着全球对环境保护的关注度提高，沉浸式演艺项目在设计和实施时应更加注重环保理念。这包括采用可再生材料、减少能源消耗、优化物流运输等方式，以降低演出对环境的影响。

（二）实现资源循环利用

在演出过程中产生的各种资源，如布景、道具、服装等，可以通过合理的设计和管理实现循环利用。这不仅可以减少资源浪费，还可以降低演出成本。

（三）利用技术创新推动可持续发展

利用先进的技术手段，如虚拟现实、增强现实等，可以在减少实物制作的同时，提供同样的甚至更好的观演体验。这些技术不仅可以降低演出对环境的影响，还可以为观众带来更加丰富的体验。

（四）文化传承与保护

沉浸式演艺作为文化艺术的重要表现形式，应承担起传承和保护文化

的社会责任。通过挖掘和展示传统文化元素，让观众在享受演出的同时，感受到文化的魅力和价值。

（五）公益演出与社区参与

可以通过组织公益演出活动，为社区、学校等提供免费的沉浸式演艺体验，让更多人有机会接触到这一艺术形式。同时，也可以邀请社区居民参与到演出中来，提高他们的文化参与感和归属感。

（六）关注弱势群体

针对儿童、老年人、残障人士等弱势群体，设计适合他们的沉浸式演艺项目，让他们也能享受到这一艺术形式的乐趣。同时，也可以为他们提供更多的文化教育和培训机会。

综上所述，沉浸式演艺在未来的发展中，应更加注重环保责任与社会责任。通过将环保理念融入演出设计、实现资源循环利用、利用技术创新推动可持续发展等方式，实现经济效益与环境效益的双赢。同时，通过承担文化传承与保护、组织公益演出与社区参与、关注弱势群体等社会责任，为社会的和谐与发展做出积极贡献。

四、沉浸式演艺的机遇与挑战

（一）出现的机遇

1. 新技术的应用

虚拟现实、增强现实、3D 声音等新技术为沉浸式演艺提供了新的表现手段，使得创作人员能够探索前所未有的艺术表达形式。

2. 跨界合作的可能

沉浸式演艺的多元性为其能与其他行业如游戏、电影、旅游等合作提供了可能，这些跨界合作能够带来新的观众群体和商业模式。

3. 个性化体验的追求

在数字化和社交媒体时代，观众越来越渴望个性化和独特的体验。沉浸式演艺正好满足了这一需求，为艺术家和创作人员提供了广阔的创意空间和市场潜力。

（二）面临的挑战

1. 演艺内容对技术和创意的融合提出了挑战

沉浸式演艺需要艺术家和技术人员紧密合作，创造出既艺术性强又技术先进的产品，这对双方的沟通和协作能力提出了更高要求。

2. 演艺内容较传统演出更需要考虑安全与隐私

随着观众与演出内容的互动加深，如何保障观众和演员的安全，同时尊重每个人的隐私，成为组织者需要认真考虑的问题。

3. 演出过程中观众参与度的不确定性

观众的反应和参与程度对演出的成功与否至关重要，如何设计才能让每个人都能参与其中，而不感到排斥或不适，这是一个挑战。

随着技术的发展和观众需求的变化，沉浸式演艺将继续演变，引领着艺术和娱乐的新趋势。沉浸式演艺的机遇和挑战涉及多个方面，需要行业内外共同努力来推动其健康、可持续发展。

参考文献

［1］张蓓荔．国际艺术节运作与管理精要［M］．南京：东南大学出版社，2021.

［2］成乔明．艺术管理学导论［M］．南京：东南大学出版社，2021.

［3］田川流，王瑞光，于亮．文化艺术政策与法律法规［M］．南京：东南大学出版社，2021.

［4］田川流．艺术管理学概论［M］．2 版．南京：东南大学出版社，2021.

［5］刘刚．中国传统文化与企业管理：基于利益相关者理论的视角［M］．2 版．北京：中国人民大学出版社，2015.

［6］侯云峰，熊焰．人文社科论坛 5［M］．昆明：云南大学出版社，2015.

［7］董峰，赵乐．艺术项目策划：全国大学生艺术项目策划大赛优秀产品评析［M］．南京：东南大学出版社，2014.

［8］董峰．艺术管理学［M］．南京：东南大学出版社，2014.

［9］王容美，王瑞光．艺术活动创意与策划［M］．南京：东南大学出版社，2014.

［10］李林．文化资源学：理论与案例［M］．武汉：华中科技大学出版社，2021.

［11］常方舟 . 基于中国上海国际艺术节的文化品牌战略研究［M］. 上海：上海社会科学院出版社，2021.

［12］林洁 . 演艺企业商业模式研究：理论和个案［M］. 杭州：浙江大学出版社，2018.

［13］郑建瑜 . 大型演艺活动策划与管理［M］. 2 版 . 重庆：重庆大学出版社，2017.

［14］全国人大常委会办公厅 . 中华人民共和国著作权法：最新修正本［M］. 北京：中国民主法制出版社，2020.

［15］陈凌云 . 博物馆文化创意产品开发研究［M］. 上海：上海社会科学院出版社，2019.

［16］成乔明 . 艺术产业管理［M］. 昆明：云南大学出版社，2004.

［17］谢大京 . 艺术管理［M］. 3 版 . 北京：法律出版社，2016.

［18］李姝，李茂华 . 媒介文化视域下的中国旅游演艺：基于演艺产品质量视角［J］. 宜宾学院学报，2019，19（4）：117-124.

［19］沙晓岚，严文龙，宋多多，等 . 话题研讨：未来十年的实景演出发展［J］. 演艺科技，2019（1）：146-149.

［20］宗劭卿，刘宗元 . 中国实景演出的创新发展：以陕西华夏文旅《驼铃传奇》为例［J］. 艺术品鉴，2018（26）：104-106.

［21］郝龙飞，钟锐 . SWOT 分析法下西安旅游演艺业发展策略研究［J］. 青春岁月，2013（14）：456.

［22］李锋，陈太政，辛欣 . 旅游产业融合与旅游产业结构演化关系研究：以西安旅游产业为例［J］. 旅游学刊，2013，28（1）：69-76.

［23］王丽霞 . 表演艺术管理思维与实践研究：以中北大学合唱团高雅艺术进校园为例［D］. 太原：中北大学，2021.

［24］汤蓓华 . 国内旅游演艺的发展环境分析［D］. 上海：上海师范大学，2011.

［25］马素琰．大型实景演出的运营发展对策［J］．全国商情，2016（17）：62-63.

［26］姚小云．旅游演艺场域中非物质文化遗产的文化再生产：以《张家界·魅力湘西》为例［J］．怀化学院学报，2013，32（12）：27-29.

［27］刘筠梅．实景演出项目运作特点分析［J］．大舞台，2012（10）：278，100.

后　记

在全球化与数字化浪潮中，演艺娱乐产业作为文化与经济的交汇点，正经历前所未有的变革。从传统剧场到虚拟舞台，从线下演出到流媒体直播，从明星经济到粉丝共创，行业的边界不断被打破，机遇与挑战并存。这一领域不仅是艺术创作的沃土，更成为推动经济增长、塑造社会文化的重要力量。然而，如何在激烈的市场竞争中平衡艺术价值与商业逻辑？如何在技术迭代中守护文化内核？如何构建可持续发展的管理模式？这些问题正成为从业者、研究者与管理者的共同课题。

本书的写作初衷，不仅是为高校相关专业提供教学参考，更希望成为从业者的实战指南。书中融入了大量一线访谈、企业调研与数据分析，力求在学术严谨性与实践指导性之间找到平衡。我们深知，演艺娱乐的本质是“人”的行业——无论是舞台上的表演者，还是幕后的策划者，每个环节都凝结着创造力与人性温度。因此，本书始终强调“以文化为魂，以管理为器”，在追求效率的同时，守护艺术的本真价值。

特别感谢为本书辛勤付出的各位学界与业界同人，感谢各位编者李罡、武小宇、高小雨、汤晓丹、赵云珠、杜佳珈、张亦弛对于本书的编著与撰写，感谢韩中孚、高悦、蔡玥对于案例的撰写与成书校对。同时感谢业内专家、企业家在案例采编中提供的宝贵支持，他们的真知灼见让本书更具现实穿透力。

由于行业发展日新月异，书中内容难免存在局限，恳请读者不吝指正。期待这本书能成为一盏灯，照亮更多人在演艺娱乐行业中的探索之路，共同见证这个充满魅力的行业走向更广阔的舞台。

编者谨识

2025 年 1 月